Intuition, Hellsehen und Hellhören

Das Praxisbuch der erweiterten Wahrnehmung

Kurt Tepperwein

Intuition, Hellsehen und Hellhören

Das Praxisbuch der
erweiterten Wahrnehmung

HANS-NIETSCH-VERLAG

Manuskriptbearbeitung: Klaus Jürgen Becker
Lektorat: Dagmar Schneider-Damm
Umschlaggestaltung: Peter Krafft
Innenlayout und Satz: Hans-Jürgen Maurer

Hans-Nietsch-Verlag
Am Himmelreich 7
79312 Emmendingen

www.nietsch.de
info@nietsch.de

ISBN 978-3-939570-87-5

Inhalt

Vorwort

Dieses Buch und die darin enthaltenen Techniken eröffnen Ihnen ganz neue Möglichkeiten. Um eine Vorstellung von dem erweiterten Potenzial zu erhalten, das durch die Anwendung dieser Techniken frei wird, stellen wir uns einmal einen Menschen vor, der nur über *vier* Sinne verfügt. Nehmen wir an, er sei blind oder taub.

Wir würden diesen Menschen bedauern, denn er hat nicht erfahren, wie farbenfroh diese schöne Welt ist, beziehungsweise er kann die Schönheit der Klänge nicht vernehmen. Um nachzuempfinden, wie es so einem Menschen geht, brauchen Sie nur einmal den Ton Ihres Fernsehers auszustellen. Sie werden dann bemerken, dass Ihnen ein wichtiges Element fehlt, um zu verstehen, was auf dem Bildschirm gezeigt wird.

Ein anderes Beispiel: Nehmen wir einmal an, auf einem anderen Planeten wären alle Wesen taub, und auf einem weiteren Planeten wären alle Wesen blind. Stellen Sie sich vor, wie einschränkend das für diese Wesen sein muss – aber da sie nichts davon wissen, können sie damit umgehen. Und dann stellen Sie sich vor, es käme auf diese Planeten jemand, der die Tauben das Hören lehrte und die Blinden das Sehen. Auf einmal würden diese Wesen nicht nur über vier, sondern über fünf Sinne verfügen. Wunderbare neue Möglichkeiten eröffneten sich für diese Wesen. Ähnlich ist es mit der Bewusstheit und der erweiterten Wahrnehmung. Auf dieser Erde sind leider noch die meisten Menschen blind und taub für die erweiterte Wahrnehmung. Ihnen fehlt nicht der zweite oder der dritte, sondern der sechste Sinn. Und jetzt nehmen wir einmal an, immer mehr Menschen würden die Kunst des Hellsehens, Hellhörens, Hellfühlens und der erweiterten Wahrnehmung lernen und ihre Entscheidungen nicht mehr aus der Emotion oder aus dem Verstand heraus treffen, sondern aus einer inneren Schau, einer Einsicht. Um wie viel besser wäre es um die Menschen und – falls sich diese Bewegung fortsetzen würde – um diesen Planeten bestellt. Im Laufe der Zeit würde sich nicht nur der sechste, sondern auch der siebte Sinn entwickeln: das Bewusstsein der Einheit mit der Quelle und die Verbundenheit mit allem Sein.

Die Gesetze der Evolution fordern auch von unserer Spezies eine Weiter- und Höherentwicklung. Wir denken, dass wir als Menschen bereits das Endziel unserer Evolution erreicht hätten, aber dem ist nicht so. So wie eines Tages die Dinosaurier ausstarben, weil sie nicht genug entwickelt waren, um dem Wandel der Zeiten standzuhalten, so wird auch der reine Verstandesmensch eines Tages aussterben. Wir stehen kollektiv an der Schwelle einer neuen Zeit. Der Mensch der Zukunft wird Bewusstheit und erweiterte Wahrnehmung benötigen, um die Herausforderungen zu bestehen. Wir werden uns vom „homo intellektualis" zum „homo spiritualis" entwickeln (müssen).

Bewusstheit und erweiterte Wahrnehmung bieten viele Vorteile: Statt im Dunkeln umherzutappen oder zu „raten", was zu tun ist, werden wir „wissen", was zu tun ist. Unsere eigene Stimmigkeit und unsere Rückverbindung zu der *einen* Kraft werden uns helfen, insbesondere in den Zeiten der Veränderung, die uns bevorstehen.

Dieses Buch folgt einer Idee, deren Zeit gekommen ist. Es möchte Sie inspirieren, die angebotenen Möglichkeiten und Techniken zu nutzen und durch fortwährendes Üben die Fähigkeiten „Hellsehen, Bewusstheit und erweiterte Wahrnehmung" zu entwickeln. Hellsehen, Bewusstheit und erweiterte Wahrnehmung sind *nicht* wenigen Auserwählten vorbehalten, sie sind erlernbar – wie, das zeigt dieses Buch. Viel Freude beim Erkunden dessen, was dieses Buch Ihnen bietet.

Ihr *Kurt Tepperwein*

Hellsehen und Hellhören – ein Weg zur Bewusstheit

Stellen Sie sich vor, Sie haben die Türe zu Ihrem Speicher jahrelang verschlossen gehalten. Eines Tages finden Sie den Schlüssel zum Speicher und öffnen die Türe. Ihnen fällt eine Menge von Gerümpel entgegen, ja vielleicht sogar Verfaultes und Vermodertes, das dringend entsorgt werden muss. Sobald Sie diese Türe geöffnet haben, können Sie nicht mehr so tun, als wüssten Sie nichts von dem Unaufgeräumten in Ihrem Speicher.

Ein anderes Beispiel: Sie haben als Junggeselle jahrelang in einem ziemlichen Chaos gelebt und sich weder um Ordnung noch um Sauberkeit gekümmert. Eines Tages lernen Sie eine Frau kennen, verlieben sich in sie und laden sie öfter zu sich in die Wohnung ein. Sie wissen, dass diese Frau Wert auf Ordnung und Sauberkeit legt. Und da Ihnen diese Frau wichtig ist, bemühen Sie sich, Ihre Wohnung ordentlich und sauber zu halten und gewinnen neue Maßstäbe von Ordnung und Sauberkeit.

Doch damit ist das Thema nicht aus der Welt. Da Sie von nun an Wert auf Ordnung und Sauberkeit legen, Ihrer neuen Freundin und vielleicht eines Tages auch Ihnen selbst zuliebe, werden Ihnen unaufgeräumte Sachen, Flecken und schmutziges Geschirr in der Wohnung mehr auffallen als früher. Diese werden ein ungutes Gefühl in Ihnen auslösen. Sie werden das Bedürfnis haben, immer wieder zu putzen und zu ordnen. Sauberkeit und Ordnung herzustellen wird zu einem Bestandteil Ihres Lebens. Sie können nicht mehr so weitermachen wie vorher.

Ähnlich ist es mit dem Hellsehen: Wenn sich diese Fähigkeit entwickelt, werden Sie beginnen, Gedankenformen zu spüren. Sie werden sie mit Ihrem inneren Auge fühlen. Die Wahrnehmung von Gedanken wird sich ungefähr so anfühlen, als würden Mücken Ihren Kopf umkreisen. Negative Gedankenformen werden Sie vielleicht als stechend empfinden wie Mückenstiche. Sie werden spüren, wie die Gedanken versuchen, durch Sie zu wirken, was aber nur möglich ist, wenn Sie sich mit ihnen identifizieren. Dies ist nun unangenehmer als noch zu der Zeit, als Ihnen die Wirkung der Gedanken noch nicht bewusst war.

Manchmal kommt es auch zu einer „Egorevolte". Das unerleuchtete Ego spürt, dass es die Kontrolle verliert und sendet unerleuchtete Gedanken und Gefühle. Das Beste, was Sie in solchen Fällen tun können ist, dieses wertfrei wahrzunehmen. Allein die Wahrnehmung, dass Sie nicht diese Gedanken, Gefühle und Reaktionen sind, schützt Sie schon vor unbewussten Reaktionen.

Durch fortwährende Bewusstwerdung wird sich Ihr Gefühl für Stimmigkeit verstärken und Sie werden immer wieder die Notwendigkeit verspüren, durch Meditation, Gebet und Bewusstseinsarbeit Ihren Geist zu klären und Abstand von den Sie umkreisenden Gedankenformen zu nehmen und diese loszulassen. Sie werden mehr und mehr erkennen, wie unsinnig es ist,

Probleme mit dem Verstand lösen zu wollen, und stattdessen immer wieder die erweiterte Wahrnehmung
und die Stille für Ihre Lebensbewältigung heranziehen
wollen.

So zeigt sich erweiterte Wahrnehmung als Weg, der,
einmal begonnen, auch zu Ende beschritten werden
möchte, bis Sie die unerleuchteten Gedanken trans-
zendiert haben und mit dem Urlicht eins geworden
sind.

Andere Menschen werden Ihr Bedürfnis nach Meditation, Gebet, Rückbesinnung, Zentrierung und
Rückzug oftmals nicht verstehen können. Unbewusste
Menschen haben kein Interesse an Ihrer Bewusstseinsarbeit. Sie befürchten insgeheim, die Kontrolle
über Sie zu verlieren. Aus diesem Grund versuchen
sie vielleicht, Ihren Weg zu torpedieren. Unbewusste
Menschen wollen Sie nicht so, wie Sie sind, sondern
so, dass Sie in ihre Vorstellungen, in die von ihnen
zugeschriebene Rolle hineinpassen.

Nicht nur die Intuition und das Hellsehen, sondern
auch das Hellhören gehören zu unserem Weg. Wenn
wir beginnen, unsere inneren Ohren zu öffnen, werden
wir vielerlei Stimmen vernehmen. Diese Stimmen
haben uns schon immer beeinflusst, aber wir waren
uns dieser Stimmen nie bewusst. Die äußeren wie die
inneren Ohren sind sehr „wendige" Organe. So wie ein
Luchs seine Ohren hochstellt und in die Witterung
dreht, so können wir unsere inneren Ohren so wenden, dass sie die richtigen Stimmen hören. Auch hier
hilft uns unser Gefühl.

Es ist, wie wenn wir unser Radio anstellen und an der Sendereinstellung drehen. Wenn wir die richtige Frequenz eingestellt haben, ist unser Empfang sehr klar: Wir hören die richtigen Klänge – die, die zu uns passen und für uns stimmig sind.

Erweiterte Wahrnehmung erfordert eine Verfeinerung und Neuorientierung des Bewusstseins, eine immer stärkere Bewusstheit. Bewusstheit erfahren wir im Jetzt und gleichzeitig ist sie Ausdruck eines Weges, dem wir immer mehr verpflichtet sind. Während wir unseren Weg gehen, gewinnt die Stimmigkeit einen immer größeren Einfluss. Unsere infantilen Gedanken, Emotionen und Glaubenssätze treten immer mehr zurück.

Formen der erweiterten Wahrnehmung

Es existiert eine Vielzahl von Wahrnehmungsformen, die über die übliche Sinneswahrnehmung hinausgehen:

Durchschauen: Das ist die Gabe, hinter dem Verhalten eines Menschen sein wahres Wesen und seine wahren Charakterzüge zu erkennen.

Einfühlung (Empathie): Hierzu gehört auch, den Charakter eines Ihnen unbekannten Menschen zu erfassen, zum Beispiel allein durch Namensnennung.

Energie-Lesen (Psychometrie): Ein Gegenstand gibt Ihnen Informationen über den Besitzer, seinen Charakter, seine Lebenssituation. Beispiele: Kleidung, Auto, Gebrauchsgegenstände.

Fernwahrnehmung: Sie erleben etwas, das nicht in Ihrem unmittelbaren Umfeld geschieht. Insbesondere Mütter, Geschwister, Partner verfügen über Fernwahrnehmung ihrer Angehörigen. Erleichtert wird die Fernwahrnehmung, wenn Sie dem Betreffenden gute Wünsche schicken, beispielsweise sich mit seinem Herzen verbinden (sich vorstellen, gleichzeitig mit ihm zu atmen), für ihn beten oder ihn segnen.

Gedankenübertragung (Telepathie): Sie empfangen den Gedanken eines anderen Menschen.

Gegenseitigkeit (Mutuality): Das Erfassen des „Wesens" eines homöopathischen Präparates, einer Blüte, eines Tieres gehört zur Gegenseitigkeit. Sie funktioniert nach folgendem Prinzip: „Ich bin" und der Gegenstand der Erfassung ist auch ein „Ich bin". Wie der Zauberer im Märchen „Der gestiefelte Kater" können Sie alles SEIN, was IST.

Geistesblitz: Eine besondere Form der Eingebung ist der Geistesblitz, bei dem unerwartet ein neuer Gedanke entsteht.

Hellfühlen: Sie fühlen, ob etwas stimmt, entweder durch eine körperliche Reaktion oder durch inneres Empfinden.

Hellhören: Sie hören innere Stimmen, die Ihnen zum Beispiel Rat geben, oder Sie hören, was an einem anderen Ort gesprochen wird.

Hellriechen: Sie riechen, dass etwas nicht stimmt, und haben auch einen Riecher für gute Gelegenheiten.

Hellträumen: Sie träumen etwas und später trifft es genau so oder auf ähnliche Weise ein. In dem Zusammenhang ist es wichtig, Hellträume von Projektionsträumen zu unterscheiden. Einen guten Leitfaden zum Hellträumen bietet das Buch von Günther Feyler: „Lebenskompass Traum".[1]

Inspiration: Neue Ideen und Erfindungen, die auf der Grundlage einer Eingebung oder Inspiration entstehen.

Intuition: Das ist die Fähigkeit, Sachverhalte, Sichtweisen, Gesetzmäßigkeiten oder die Richtigkeit von Entscheidungen durch sich spontan einstellende Einsichten zu erkennen.

Klarfühlen: Sie fühlen, ob der andere die Wahrheit sagt und wenn etwas nicht stimmt.

Remote-Viewing: Sie reisen mit dem Bewusstsein in

eine andere Zeit und erleben haargenau, was geschehen ist.

Rück-Schau (Retrokognition): Das Erkennen früherer Leben anderer Menschen oder auch von Ursachen für heutige Krankheiten, Probleme, Beziehungsstrukturen usw. Auch: Das „Erkennen" einer Ihnen noch unbekannten Person, beispielsweise über die Augen.

Serendipity: Die Gabe, eingestimmt auf das „Hier und Jetzt" die „Zufälligkeiten" zu erleben, die die Einheit allen Seins offenbaren. Ein altes Märchen erzählt vom König von Serendip, der in Sri Lanka lebte. Dieser hatte drei Söhne. Eines Tages schickte er sie hinaus in die Ferne, damit sie den Schlüssel zum Glück fänden. Keiner der drei Söhne fand einen physischen Schlüssel, doch berichteten alle drei nach ihrer Rückkehr, dass sie im Laufe ihrer Reise „zufällig" wertvolle und glückbringende Erfahrungen gemacht hätten. Offenbar war der Schlüssel zum Glück kein Stück Metall, das man besitzen kann, sondern lag im Eingestimmtsein auf das Leben und die Zufälle, die das Leben hervorbringt. Zur „Serendipität" gehört also die Bereitschaft, sich unschuldig und absichtslos für das zu öffnen, was einem begegnet und so eingestimmt zu sein auf die Matrix, das heißt das große Ganze

Vorauswissen (Präkognition): Sie erleben etwas, das erst in der Zukunft geschehen wird.

Erweiterte Wahrnehmung, wie sie in diesem Buch vorgestellt wird, ist der Informationserwerb aus einer umfassenderen Quelle, die unseren fünf Sinnen nicht zugänglich ist. Dazu gehören unter anderem auch:

o Die Fähigkeit, eine (meist) „richtige" Entscheidung zu treffen, ohne die Zusammenhänge intellektuell verstehen zu müssen. Sie zeigt sich auch, wenn Meinungen oder Sachverhalte vorliegen, die eine (andere) Entscheidung nahelegen.

o Die Einsicht in größere Zusammenhänge, ohne bewusst rationale Schlüsse zu ziehen.

o Das Durchschauen der Hintergründe, das Erkennen der „Wahrheit hinter dem Schein".

o Das Erkennen, ob ein anderer Mensch es gut mit einem meint oder ob sich neu bietende Möglichkeiten positiv für einen sind.

Bewusstheit und erweiterte Wahrnehmung – eine Chance unserer Zeit

> *„Intuition ist es, die den Verstand transformiert. Intuition ist nicht anti-rational, sondern trans-rational."*
> Ken Wilber

Zu Beginn der menschlichen Evolution konnten wir uns fast ausschließlich auf unsere Sinne und unsere Instinkte verlassen. Hierbei standen das Hören, Riechen, Schmecken und Fühlen im Vordergrund, die Augen waren weniger weit entwickelt. Im Kampf ums Überleben war es wichtig, zu hören („Knackt es im Gebüsch, könnte es ein Raubtier sein"), zu riechen („Riecht es nach Feuer, droht Gefahr"), zu schmecken („Ist das Essen genießbar?") und zu fühlen.

Forschungen legen die Vermutung nahe, dass unsere Vorfahren zuerst im Wald lebten und damit in der Dämmerung. Erst mit der Umsiedlung des Menschen in die Savanne gewannen die Augen an Bedeutung. Über das Sehen nahm er Bilder in seinem Verstand auf, die er anderen weitergeben konnte. Sehen gehört also eher zum mentalen Prozess, während die anderen Sinne stärker instinktbezogen sind.

Über die Entwicklung von Sprache und Perspektive lernte der Mensch sich zu organisieren. Wir haben uns vom Urzeitmenschen zum „homo intellektualis" entwickelt. Durch die Entwicklung unseres Denkens haben wir (im Idealfall) geistige Ausgeglichenheit und Neutralität ausgebildet. Die gesamte moderne Technik verdanken wir unseren mentalen Fähigkeiten: dem, was die großen Denker und Wissenschaftler herausgefunden haben. Allerdings haben uns unsere intellektuellen Fähigkeiten weder friedfertiger noch glücklicher gemacht. Religiöser und politischer Fanatismus sucht seine Rechtfertigung in intellektuellen Doktrinen. In dem Wahn, die Erde auszubeuten und sie uns untertan zu machen, liegt eine Einseitigkeit. Das Wissen des Verstandes muss der Weisheit weichen, die wir erlangen, wenn wir beginnen, „mit dem Herzen zu denken und mit dem Verstand zu fühlen", also wahrzunehmen (= das Wahre zu nehmen), was ein anderer Ausdruck für erweiterte Wahrnehmung ist.

Als Gegenbewegung zum Dogmatismus gibt es immer mehr Menschen, die sich als *Bestandteil eines größeren Ganzen* erkennen, Menschen, die über das Ego hinauswachsen und über ein „globales Empfinden" verfügen. Aus dem „Ich gegen du", „Fressen oder gefressen werden", das wir noch vom Tierreich her kennen, entwickelt sich immer mehr ein *Wir-Bewusstsein*. Gleichzeitig erfahren wir ungeachtet unseres kollektiven Empfindens eine immer stärkere Individualisierung. Der Einzelne erlebt seine Einzigartigkeit, die eingebettet ist in ein größeres Ganzes. Das Bewusstsein der Individualität und der Andersartigkeit zeigt sich unter anderem auch in modernen Therapie- und Heilmethoden wie zum Beispiel der Homöopathie, die ein zutiefst individueller Prozess ist.

Immer mehr erkennen wir im Zuge dieser Individualisierung, dass Doktrinen immer weniger greifen. Jeder Mensch ist mehr und mehr aufgefordert, seine *eigene* Lösung für seine Lebensthemen zu entdecken. Um dies zu vermögen, benötigen wir eine individuelle Rückverbindung zu einem Weisheitspotenzial, zu einer inneren Stimme, im Idealfall zur Intuition.

Erweiterte Wahrnehmung sucht aber nicht die Omnipotenz über andere, sondern die ganzheitliche Lösung, die für alle stimmt. Hier finden wir einen Zusammenhang zwischen erweiterter Wahrnehmung und Demut. Solange ich aufgrund von hellseherischen Fähigkeiten andere übervorteilen will, werde ich nicht in der Lage sein, ein reiner Kanal für Weisheit zu sein, und weiter in Angst verharren.

Mehr und mehr Menschen sind bereit für eine umfassendere Wahrnehmung und eine Lebensgestaltung aus einem höheren Wissen heraus. Um dafür empfänglich zu werden ist die Bereitschaft erforderlich, alte Methoden des Überlebens („Auge um Auge, Zahn um Zahn") zu verändern, denn erweiterte Wahrnehmung umfasst immer die ganzheitliche Perspektive und sucht die optimale Lösung für das große Ganze, für das Wir.

Wir können den Verstand nicht transformieren, indem wir ihn verdammen. Wir müssen unserem Bewusstsein etwas Besseres anbieten als den Verstand. Es war eine großartige Entwicklungsepoche, in der sich unser Intellekt herausgebildet hat, doch wir sind jetzt an den Grenzen des Intellekts angelangt. Der Intellekt steht für die materielle Welt, die wir mit seiner Hilfe organisiert haben. Doch im Zuge des „globalen Dorfes", in das wir hineinwachsen, steht nun die Entwicklung höherer Sinne und erweiterter Wahrnehmungen an. Diese wird der Schwerpunkt der menschlichen Evolution im dritten Jahrtausend sein.

Unsere Entscheidungen werden immer komplexer sein. Da kleine Fehlentscheidungen heute gravierendere Folgen haben als noch zur Urzeit, müssen unsere Entscheidungen immer treffender, müssen wir selbst immer stimmiger werden. Die für das dritte Jahrtausend nötige Fähigkeit der erweiterten Wahrnehmung entsteht durcht ein ständiges Sich-Ausrichten, ein ständiges Üben, das den gewünschten Erfolg bringt. Dank unserer erweiterten Wahrnehmung nehmen wir Abstand von der Rastlosigkeit des Verstandes, der wie ein wilder Affe von Gedankengang zu Gedankengang springt. Wir können erstmals in der Geschichte der Menschheit kollektiv erfahren, was es heißt, stimmig und aus einem erweiterten Potenzial heraus zu leben. Sobald der Verstand ruhig und das Gemüt friedlich ist, öffnet sich die erweiterte Wahrnehmung wie ein weiter Himmel. Von dieser Wahrnehmung zu profitieren, wird im Laufe der Zeit für uns immer selbstverständlicher werden.

Erinnern Sie sich an Zeiten, in denen Ihre erweiterte Wahrnehmung funktionierte?

Jeder von uns hat in seinem Leben bereits einmal die Erfahrung einer erweiterten Wahrnehmung gemacht. Beim einen oder anderen mag sie verschüttet oder vergessen sein, aber jeder von uns hatte sie.

ÜBUNG 1: Erinnern Sie sich an einen Augenblick erweiterter Wahrnehmung

Bitte notieren Sie nachfolgend Ihre eigenen Erfahrungen. Sollten Sie sich an keine eigene Erfahrung erinnern können, dann beschreiben Sie die Erfahrung eines anderen Menschen, eines Bekannten, Freundes etc., bei dem Sie eine erweiterte Wahrnehmung erlebt haben. Wenn Sie möchten, können Sie auch sowohl Ihre eigenen als auch fremde Erfahrungen aufzeichnen. Wann sind Sie in Kontakt mit dem Thema erweiterte Wahrnehmung gekommen? Wie hat sich das angefühlt? War es Hellsehen, Hellhören oder Hellfühlen?

Was sind Überzeugungen und wie beeinflussen sie uns?

„Überzeugungen sind Gedankenformen, mittels derer Sie Ihre Realität erschaffen, interpretieren und mit ihr in Interaktion treten. Überzeugungen kreieren eine Trennung zwischen dem Selbst und dem Universum [zum Beispiel: ‚Das bin ich'; ‚Das ist das']. Sie interpretieren und erschaffen innerhalb bestimmter selbst gesetzter Grenzen jene Erfahrungen, die das, was Sie glauben, bestätigen [zum Beispiel: ‚Das Leben ist hart']. Das Handhaben von Überzeugungen verleiht Ihnen die Macht, Ihr Bewusstsein umzustrukturieren und neue Realitäten zu schaffen."[2]

Jeder Mensch hat Überzeugungen. Ein anderes Wort für Überzeugungen ist „Glaubenssätze", das heißt, wir glauben, dass bestimmte Aussagen richtig sind. Wir können diese unterscheiden in solche, die für unser Leben hilfreich sind, und solche, die nicht hilfreich oder gar kontraproduktiv sind. Solche, die nicht hilfreich sind, können wir auflösen, zumindest auflockern – wie, das wird das nachfolgende Kapitel zeigen.

Begrenzende Glaubenssätze über die eigene erweiterte Wahrnehmung positiv verändern

Im Allgemeinen haben wir Glaubenssätze über erweiterte Wahrnehmung. Wir glauben vielleicht, diese sei nur wenigen, auserwählten Menschen vorbehalten. Indem wir uns bewusst machen, dass wir einen Glaubenssatz über erweiterte Wahrnehmung haben, der uns begrenzt, und diesen umschreiben, öffnen wir unsere Tore der erweiterten Wahrnehmung.

BEISPIELE DAFÜR SIND:

BISHERIGER GLAUBENSSATZ	REALISTISCHER NEUER GLAUBENSSATZ
Erweiterte Wahrnehmung funktioniert bei mir nicht.	Erweiterte Wahrnehmung kann ich trainieren, so wie ein Sportler seine Muskeln trainiert.
Erweiterte Wahrnehmung ist nur Auserwählten vorbehalten.	Erweiterte Wahrnehmung ist ein natürlicher Zustand, den ich „erinnern" kann.
Erweiterte Wahrnehmung ist gefährlich.	Erweiterte Wahrnehmung ist ungefährlicher als sich auf die reine Logik zu verlassen, insbesondere wenn ich sie mit der Ratio abstimme.

BISHERIGER GLAUBENSSATZ	REALISTISCHER NEUER GLAUBENSSATZ
Erweiterte Wahrnehmung kann zu Fehlentscheidungen führen.	Meine Unterscheidungskraft, die mir zeigt, was Illusion und was Realität ist, wächst mit dem Üben.
Wenn ich am Anfang nichts wahrnehme, heißt das, dass es bei mir nicht klappt.	Indem ich frei von Erwartungen die Fähigkeit zur erweiterten Wahrnehmung einfach ausprobiere, gebe ich mir selbst die Chance, diese Kunst zu erlernen.
Ich bin zu sehr im Verstand gefangen, als dass ich das könnte.	Erweitere Wahrnehmung ist eine wunderbare Möglichkeit, sich vom Griff des Verstandes zu lösen und die Dinge mit Abstand zu betrachten.

ÜBUNG 2: Einen begrenzenden Glaubenssatz verändern

Notieren Sie, ob Sie eventuell einen begrenzenden Glaubenssatz über erweiterte Wahrnehmung haben. In welchen positiven Glaubenssatz könnten Sie ihn verändern?

Vom Denken zur Wahrnehmung kommen

Erweiterte Wahrnehmung ist eine Möglichkeit, um über das Denken und seine Möglichkeiten hinauszugehen und auf diesem Weg Antworten und Lösungen zu finden, zu denen der Verstand allein nicht in der Lage ist.

BEISPIEL: Wenn Sie Ihren Verstand fragen, ob Sie die Else oder die Anna heiraten sollen, wird er Ihnen eine Reihe von Argumenten für Else und eine Reihe von Argumenten für Anna geben. Die Else hat vielleicht die schöneren Beine, aber die Anna kann besser kochen.

BEISPIEL: Wenn Sie sich fragen, ob Sie in Zukunft eher als Manager oder als Lebenslehrer arbeiten sollen, und sich bereits im Rausch der Macht fühlen, wie toll es ist, Ihr Umfeld kontrollieren zu können und Mitarbeiter zu haben, die für Sie arbeiten, werden Sie nicht erfahren können, welcher der beiden Wege Ihnen langfristig gut tun wird.

Ihr Verstand kann nicht wissen, wie sich die Dinge entwickeln und welcher Partner letztendlich gut für Ihr Schicksal ist. Das Gleiche gilt für Ihren Beruf, Ihre Lebensziele und für alle Fragen, die Sie sich stellen. Auch Ihr Gemüt wird Ihnen da nicht weiterhelfen können, denn Ihr Gemüt ist lediglich an angenehmen Gefühlen interessiert. Um Ihre Ziele richtig zu bestimmen und die für Sie stimmigen Entscheidungen „treffen" zu können, benötigen Sie eine Instanz, die über Argumente und Bequemlichkeiten hinausgeht.

Wahrnehmung geschieht im JETZT, in der Abwesenheit von Gedanken. Sie ist umfassend, ganzheitlich und gleichzeitig. Es ist wie ein Öffnen, eine innere Schau, eine Wahrheit, die aus dem Nichts aufsteigt und immer deutlicher wird. Um von der Wahrnehmung Gebrauch zu machen, müssen wir aus diesem Grund unsere „Angst vor der Wahrheit" loslassen. Wenn wir die Wahrheit akzeptieren können, wie immer sie aussehen mag, und keine Angst vor der Wahrheit haben, wo und wie immer sie sich zeigt, habe wir gute Voraussetzungen, um die Wahrheit zu erkennen. Der Verstand hingegen denkt linear und mischt gelegentlich Vorstellungen und Trugbilder bei.

Natürlich können Sie sich fragen: „Warum die Muskeln meiner Wahrnehmung trainieren, es ist doch viel bequemer, einfach so weiterzuleben und aus meinen Gedanken und Emotionen, Vorstellungen, Zu- und Abneigungen heraus zu handeln?" Mag sein, aber der Weg des Denkens und der Emotionen ist komplizierter, fehlerhafter, leidvoller, ärgerlicher, stressiger. Auch wenn es anfangs unbequem sein mag, sich von der Raupe zum Schmetterling zu entwickeln – dieses ist im Ergebnis befreiender.

Machen Sie sich bewusst: Es ist nicht gefährlich, Ihre übersinnlichen Fähigkeiten zu nutzen, insbesondere wenn Sie diese hinterher mit Ihrer Ratio abgleichen. Es ist viel riskanter, sich auf den Verstand zu verlassen, da dieser auch eine zerstörerische und keinesfalls weise Komponente besitzt.

Beispiele:

o Alle Tyrannen haben versucht, ihre Gräueltaten durch den Verstand zu rechtfertigen.

o Der Verstand sucht seine Vorstellungen zu verwirklichen – das ist aber oft etwas anderes, als die Seele erfahren möchte.

o Viele Fehlentscheidungen wurden aufgrund intellektueller Überlegungen getroffen.

Statt sich mit Erwägungen und Überlegungen das Hirn zu zermartern, gehen Sie besser eine Stunde lang in die Stille und „schauen hin". Sie fällen keine Entscheidungen mehr nach „reiflichen Überlegungen" oder gar aufgrund von Emotionen, die Sie dann wieder revidieren müssen, sondern treffen Entscheidungen „wie einen guten Bekannten auf der Straße": Sie schauen hin und erkennen, „stimmt" oder „stimmt nicht", und Ihr Leben wird dadurch immer „stimmiger". Dies bedeutet nicht, dass Ihr Leben fortan einem Aufenthalt im im Schlaraffenland gleicht und es keine Schwierigkeiten mehr gibt – aber Sie lernen, mit Schwierigkeiten immer stimmiger umzugehen. Natürlich können Sie sich auch gegen das entscheiden, was Sie hellgesehen haben (und dann die Folgen tragen). Das, was Sie „hellgesehen" haben, ist nur ein Angebot, kein Befehl.

Gerade am Anfang ist es sinnvoll, Ihre erweiterte Wahrnehmung durch die Ratio zu überprüfen und bei Lebensentscheidungen Vorsicht walten zu lassen. Als Anfänger sollten Sie das Wahrgenommene lediglich als eine Perspektive anerkennen und sorgsam beobachten, wie sich die Dinge entwickeln. Im Laufe der Zeit werden Sie immer klarer Ihre Wahrnehmungen von Einbildungen des Verstandes unterscheiden können.

Es gibt eine ganze Reihe von Möglichkeiten, sich Informationen aus Quellen unabhängig vom Denken zu beschaffen. Zusätzlich zu den bereits erwähnten Formen der umfassenderen Wahrnehmung können folgende „Werkzeuge", auf die an späterer Stelle noch ausführlich eingegangen wird, eine erweiterte Wahrnehmung ermöglichen:

o Körperreaktion, die durch Kinesiologie, Ruten, Pendeln, Körperpendeln nachvollziehbar wird;

o innere Symbole zur Entscheidungsfindung, wie zum Beispiel Waage, Wegkreuzung, Schuhe, Marathonläufer, Intuitionsampel etc.;

o telepathischer oder medialer Kontakt zu anderen (höheren) Wesen, zum Höheren oder Älteren Selbst, zu Schutzengeln, dem Inneren Meister usw.

Um etwas wahrnehmen zu können, müssen Sie Ihr Zimmer nicht verlassen. Mithilfe Ihrer Fähigkeiten können Sie „gehen ohne Füße", „sehen mit geschlossenen Augen", „reisen, ohne den Koffer zu packen". Ihr Bewusstsein ist dazu in der Lage.

In Ausnahmefällen kann es sinnvoll sein, den Ort zu wechseln beziehungsweise mit einer Person Kontakt aufzunehmen, um die Energie unmittelbar fühlen zu können. Doch im umfassenderen Bewusstsein ist dies nicht notwendig.

Wie wir unsere Intuition fördern

Im Hier und Jetzt sein:
Die Geschichte vom Hasen und dem Igel

Von den Gebrüdern Grimm wurde das folgende Märchen überliefert:

Ein Hase und ein Igel begegneten sich am Sonntagmorgen und der Igel grüßte freundlich. Der Hase aber, der auf seine Weise ein vornehmer Herr war und hochfahrend noch dazu, antwortete gar nicht auf des Igels Gruß, sondern sagte mit höhnischer Miene: „Wie kommt es, dass du hier schon so am frühen Morgen im Feld herumläufst?" „Ich gehe spazieren", sagte der Igel. „Spazieren?" lachte der Hase. „Du könntest deine Beine schon zu besseren Dingen gebrauchen." „Du bildest dir wohl ein, du könntest mit deinen Beinen mehr ausrichten?", entgegnete der Igel. „Das will ich meinen", sagte der Hase. „Nun, das kommt auf einen Versuch an", meinte der Igel. „Ich wette, wenn wir um die Wette laufen, laufe ich schneller als du." „Du – mit deinen krummen Beinen?", sagte der Hase.

„Das ist ja zum Lachen. Aber wenn du so große Lust hast, dann laufen wir heute Nachmittag um die Wette!"

Wieder allein, dachte der Igel bei sich: „Der Hase verlässt sich auf seine langen Beine, aber ich will ihn schon kriegen." Als er nun nach Hause kam, sagte er zu seiner Frau: „Frau, zieh dich rasch an, du musst mit mir ins Feld hinaus." „Was gibt es denn?", fragte die Frau. „Ich habe mit dem Hasen um einen Golddukaten und eine Flasche Branntwein gewettet, dass ich ihn bei einem Wettrennen besiegen werde. Und da sollst du dabei sein."

Als sie miteinander unterwegs waren, sprach der Igel zu seiner Frau: „Nun pass auf, was ich dir sage. Dort auf dem langen Acker will ich unseren Wettlauf machen. Der Hase läuft in einer Furche, und ich in der anderen, und dort oben fangen wir an. Du hast nun nichts weiter zu tun, als dass du dich hier unten in die Furche stellst und wenn der Hase in seiner Furche daherkommt, so rufst du ihm entgegen: ‚Ich bin schon da!'"

So kamen sie zu dem Acker, der Igel wies seiner Frau ihren Platz an und ging den Acker hinauf. Als er oben ankam, war der Hase schon da. „Kann es losgehen?", fragte er. „Jawohl", erwiderte der Igel. „Dann nur zu." Damit stellte sich jeder in seine Furche. Der Hase zählte: „Eins, zwei, drei", und los rannte er wie ein Sturmwind den Acker hinunter. Der Igel aber lief nur etwa drei Schritte, dann duckte er sich in die Furche hinein und blieb ruhig sitzen. Und als der Hase im vollen Lauf am Ziel unten am Acker ankam, rief ihm die Frau des Igels entgegen: „Ich bin schon da!" Der Hase war nicht wenig erstaunt, glaubte er doch nichts anderes, als dass er den Igel selbst vor sich hatte.

„Das geht nicht mit rechten Dingen zu", rief er. „Noch einmal gelaufen, in die andere Richtung!" Und fort ging es wieder wie der Sturmwind, dass ihm die Ohren am Kopf flogen. Die Frau des Igels aber blieb ruhig an ihrem Platz sitzen, und als der Hase oben ankam, rief ihm der Herr Igel entgegen: „Ich bin schon da!" Der Hase war ganz außer sich vor Ärger und schrie: „Noch einmal gelaufen, noch einmal herum!" „Meinetwegen", gab der Igel zurück. „So oft du Lust hast." So lief der Hase dreiundsiebzig Mal, und der Igel hielt immer mit. Und jedes Mal, wenn der Hase oben oder unten am Ziel ankam, sagten der Igel oder seine Frau: „Ich bin schon da." Beim vierundsiebzigsten Male aber kam der Hase nicht mehr ans Ziel. Mitten auf dem Acker fiel er zu Boden und gab auf.[3]

In unserer heutigen stressgeplagten Zeit müssen wir erkennen, dass mehr Stress nicht automatisch ein besseres Ergebnis bedeutet.

Zeit ist das gerechteste Prinzip der Welt: Jeder bekommt jeden Tag 24 Stunden Zeit. Was er damit macht, ist seine Sache. Wenn wir im Stress hektisch werden, verlaufen wir uns, machen Fehler und die Korrektur der Fehler kostet wieder Zeit. Wann immer wir im Stress sind, uns ärgern, beleidigt, aggressiv, unzufrieden oder disharmonisch sind, sind wir automatisch abgeschnitten von unserer umfassenderen Wahrnehmung.

Erweiterte Wahrnehmung und Intuition
erfordern einen gelassenen Umgang mit der Zeit
und schenken uns im Gegenzug dazu nicht nur Zeit,
sondern auch Lebensqualität.

Geduld

Erweiterte Wahrnehmung, außersinnliche Wahrnehmung, benötigt gerade am Anfang Geduld. Wenn wir
im „Hasen-Bewusstsein" versuchen, an eine umfassendere Wahrnehmung zu kommen, liegt die Gefahr
nahe, dass wir irgendeine Antwort, die uns der Verstand vorgibt, als Intuition nehmen und damit dann
in die Welt gehen – und eine Bruchlandung erleiden.

Viele Menschen denken, wenn sie zwei, drei Minuten meditierten, müsse die Antwort bereits vor ihnen
liegen, damit sie sich dann anderen Dingen zuwenden
könnten. In Lebensfragen, insbesondere, wenn es um
Einsichten in Zusammenhänge und nicht nur um „Ja-
Nein-Entscheidungen" geht, ist es besser, sich mindestens eine Stunde Zeit (Minutenwecker stellen) zu
nehmen.

Gerade am Anfang Ihrer Wahrnehmung werden Sie
häufig mit Gedanken des Verstandes bombardiert.
Doch erweiterte Wahrnehmung erreicht Sie erst dann,
wenn Sie nichts mehr erreichen wollen und einfach
nur SIND. Das ist „Igel-Bewusstsein": SEIN und hinschauen. Wir kommen später noch darauf zurück.

Unvoreingenommenheit

Unvoreingenommenheit ist eine unmittelbare Voraussetzung, um hellsehen zu können. Natürlich haben Sie die Absicht, hellzusehen, das ist auch völlig in Ordnung. Mit Unvoreingenommenheit an dieser Stelle ist gemeint, dass Sie sich frei machen von vorgefertigten Meinungen und Erwartungen darüber, was bei der erweiterten Wahrnehmung geschehen sollte und welches Ergebnis Sie erwartet. Jede Erwartung, jede Vorstellung ist nämlich hinderlich für die Wahrnehmung. Erinnern wir uns in diesem Zusammenhang daran, dass Wahrnehmung bedeutet, „das Wahre zu nehmen". Und da sollten Sie sich selbst gegenüber unbestechlich sein und keine faulen Kompromisse eingehen.

Es geht darum, die Wahrnehmung so ungehindert wie möglich durch sich fließen zu lassen, ein reiner Kanal dafür zu sein. Die folgenden Fragen helfen Ihnen, vor jeder erweiterten Wahrnehmung Ihre Unvoreingenommenheit zu prüfen:

o Als wer sehen Sie hell, als Ego oder als Sie selbst? Ist Ihr Ego an der Wahrnehmung beteiligt oder sind Sie bereit, es zugunsten des Wahren Selbst zurücktreten zu lassen?

o Gibt es eine Präferenz bei dem, was Sie wahrnehmen möchten?

o Haben Sie Angst, „das Wahre zu nehmen" – oder sind Sie bereit, sich dem, was sich in der Wahrheit zeigt, mutig zu öffnen?

o Sind Ihr Gemüt und Ihr Verstand ruhig und ausgeglichen?

o Würde eine ganz bestimmte Wahrheit Sie aus der Fassung bringen, wenn Sie sie sehen würden, oder sind Sie offen für das, „was ist", was immer sich zeigt?

o Sind Sie bereit, sachlich und neutral zu sein?

o Sind Sie bereit, Vorstellungen und gedankliche Fixierungen loszulassen?

o Sind Sie durch emotionale Vorlieben und Vorstellungen vorbelastet oder können Sie diese beiseite schieben?

o Ist Ihre Haltung von positivem Gleichmut geprägt?

o Sind Sie offen und bereit für jede Wahrnehmung, wenn Sie nur stimmig ist?

o Verbinden Sie ganz bestimmte Hoffnungen und Wunschdenken mit einem Ergebnis?

o Wollen Sie hellsehen, um anzugeben, oder tun Sie dies ausschließlich, um die rechte Entscheidung treffen zu können?

Stimmigkeit

Stimmigkeit formt die Wirklichkeit stärker als es Projektionen, Vorstellungen, Emotionen und Wünsche vermögen. Denn sie entspricht einer höheren Ebene. Stets ist es so, dass die höhere Ebene die niedere regiert. Als beispielsweise ein Mann in der Absicht, Buddha zu töten, auf diesen zutrat, verweilte Buddha in der eigenen Mitte und Stimmigkeit. Weder erlaubte Buddha, dass sein Verstand überdrehte, noch erlaubte er seinem Gemüt, Angst oder Aggression zu empfinden. Daraufhin wurde der Angreifer von einer geheimnisvollen Kraft gezwungen, sich vor Buddha zu verbeugen – und wurde sein Schüler.

Ein anderes Beispiel zeigen die Altmeister im Kampfsport, beispielsweise im Aikido. Sie besiegen ihre weitaus jüngeren und kräftigeren Kollegen auch noch im hohen Alter mit Leichtigkeit. Die Regeln des Aikido sind wie folgt: Besitzt der Gegner die Kraft „neun" und Sie die Kraft „eins", besiegen Sie den Gegner mit der Kraft „neun plus eins = zehn". Warum? Weil Sie in der Stimmigkeit mit der *einen* Kraft verbunden sind, die im Gegner wie auch in Ihnen wirkt.

Wer in der Stimmigkeit ist, kämpft nicht gegen etwas oder jemand anderen, er sucht nur die Stimmigkeit mit sich selbst, um sich als eins mit dem Ganzen zu erleben. Dies ist sein einziger „Kampf".

Eine Legende berichtet, dass die beiden größten Aikido-Meister ihrer Zeit zum Kampf gegeneinander antraten. Drei Tage und Nächte standen sie sich regungslos gegenüber und schauten sich dabei in die Augen. Dann war der „Kampf" vorüber. Da beide Kämpfer eins mit der *einen* Kraft waren, kam es nicht zu einem körperlichen Kräftemessen. Jeder erkannte im anderen das Selbst. So sollten auch Sie im Selbst und in der Stimmigkeit verharren, um optimale Ergebnisse in der erweiterten Wahrnehmung zutage zu bringen.

Die Bereitschaft, jede Situation zu optimieren

Im Laufe der Zeit wird es Ihnen immer leichter fallen zu erkennen, ob die Gedanken und Verhaltensmuster, die Sie im Jetzt ausdrücken, stimmig oder unstimmig oder sogar zerstörerisch sind. Wann immer Sie die Wahrnehmung haben, dass Ihr Verhalten oder Ihre Gedanken gerade nicht optimal sind, kann Ihnen eine einfache Übung helfen, sich auf die Stimmigkeit auszurichten:

Öffnen Sie Ihr Herz und geben Sie sich selbst die Anordnung: „Optimieren!".

Vielleicht kennen Sie die Funktion bei Ihrem Computer: „Festplatte optimieren"? Wenn Sie den Gedanken „Optimieren!" im Bewusstsein halten, sorgen Sie damit zugleich dafür, dass Ihre Gedanken und Ihr Verhalten sich so optimal wie möglich ausdrücken.

Niemand muss mehr geben als sein Bestes. Es ist in Ordnung, wenn Sie im Optimieren nur so weit gehen, dass Sie dabei noch Sie selbst bleiben. Es geht beim Optimieren also nicht darum, einem vorgefertigten Ideal zu folgen, sondern sich im Rahmen Ihrer Möglichkeiten im Jetzt optimal zu verhalten und die optimalen Gedanken zu haben. Seien Sie einfach Zeuge, wenn Sie selbst sich die Anordnung „Optimieren!" geben, und nehmen Sie wahr, was danach geschieht. So erleben Sie – ungeachtet der Umstände – Stimmigkeit mit sich selbst, soweit es Ihnen möglich ist. Dies bedeutet Abstand zu nehmen von Folgendem:

o Meinungen, Ratschlägen und Vorstellungen von anderen – Partnern, Freunden, Kollegen. Der andere sieht Sie so, wie er Sie sieht, weil es für *ihn* wichtig ist, Sie genau so zu sehen – aber das hat nichts mit Ihnen zu tun. Und natürlich darf er auch Meinungen, Ratschläge und Vorstellungen haben – aber damit haben Sie nichts zu tun, all dies ist SEINE Angelegenheit;

o Vorlieben, Emotionen, Bequemlichkeiten;

o kindlichem Verhalten, Abwehrstrategien, Kompensationen, Projektionen.

Jeder Gedanke, jedes Wort, jede Handlung, ja sogar Ihre nicht sichtbare innere Haltung wirken auf Ihre Lebenssituation ein, sind eine Ursache, die eine – angenehme oder unangenehme – Wirkung hervorbringt. Indem Sie darauf achten, im Jetzt stimmig zu leben, kommen Sie immer besser in das Fahrwasser Ihres Wahren Selbst. Es ist immer die Frage, auf was Sie reagieren und aus was heraus Sie agieren:

o Eltern-Kind-Spiele;

o Rollen, Muster, Glaubenssätze;

o das Selbst hinter der Welt der „Spielchen".

Sich selbst immer wieder die Anordnung „Optimieren!" zu geben, bedeutet:

o die Stimmigkeit als Maßstab zu nehmen und nicht Launen, Emotionen, Glaubenssätze, Muster, Prägungen;

o Handeln jenseits von Illusionen;

o im anderen und in sich das Selbst zu aktivieren und aus dieser Wahrnehmung heraus zu leben;

o unvoreingenommen im Jetzt zu leben und zu handeln.

Das Optimieren von Lebenssituationen geschieht also, indem Sie sich optimieren. Dies beinhaltet auch Ihre erweiterte Wahrnehmung. Auch wenn diese einmal nicht optimal ist, kann die Wahrnehmung durch den Eigenbefehl „Optimieren!" in die Stimmigkeit gebracht, präzisiert und erweitert werden.

ÜBUNG 3: Denken Sie einmal an eine Lebenssituation, die Sie optimieren möchten

Hierbei kann es sich um eine vergangene oder eine aktuelle Situation handeln. Dann denken Sie den Gedanken „Optimieren!". Beobachten Sie, was geschieht.

Mittigkeit und Themenklärung:
An nichts festhalten – nichts zurückweisen

Eine Haltung frei von persönlichen Anhaftungen und Befürchtungen ist Voraussetzung für erweiterte Wahrnehmung, weil wir nur dann frei von Einmischungen des „kleinen Ichs" sind. Die nachfolgende Übung stammt von Phyllis Krystal und kann helfen, diese „innere Unbestechlichkeit" einzuüben.[4]

ÜBUNG 4: Schwarzer Vogel/weißer Vogel

o Stellen Sie sich vor, Sie gehen über ein gespanntes Seil und setzen dabei vorsichtig einen Fuß vor den anderen, dabei schauen Sie strikt geradeaus.

o Sie halten Ihre Arme seitlich ausgestreckt, die Handflächen zeigen nach oben.

o Stellen Sie sich einen gefährlichen schwarzen Vogel, der Sie angreifen könnte, links neben sich vor und widerstehen Sie dem Impuls, ihn wegzustoßen, denn dadurch würden Sie vom Seil herunterfallen. Dieser Vogel drückt Ihre Ängste und Ablehnungen aus.

o Gehen Sie weiter und schauen Sie dabei weder nach rechts noch nach links.

o Stellen Sie sich auf der rechten Seite einen wunderschönen, schimmernden, weißen Vogel vor. Widerstehen Sie der Versuchung, sich nach ihm auszustrecken, um ihn festzuhalten, weil Sie auch dann vom Seil herunterfallen würden.

o Gehen Sie weiter auf dem Seil und erlauben Sie dem schwarzen oder dem weißen Vogel, sich auf Ihre Handflächen zu setzen, wann immer diese wollen, ohne dass Sie sich damit identifizieren. Diese Übung führt zu einer Haltung des wertfreien Annehmens von dem, was das Leben in Ihren Erfahrungsbereich bringt, und zu innerem Frieden.

ÜBUNG 5: Themenklärung angesichts von Hoffnungen und Ängsten

Notieren Sie eine Entscheidung oder ein Thema, das Sie beschäftigt. Dann denken Sie daran. Breiten Sie die Hände aus. Stellen Sie sich vor, links von Ihnen befände sich all das Unangenehme, was Sie befürchten und vermeiden möchten. Machen Sie sich bewusst, was es ist. Dann stellen Sie sich vor, rechts von Ihnen befände sich all das, was Sie begehren, was Sie ersehnen, wonach Sie lechzen. Machen Sie sich die abstoßende Wirkung des Unangenehmen und die anziehend-bindende Wirkung des Erhofften bewusst. Bleiben Sie jedoch bei sich und spüren Sie sich selbst. Führen Sie die Hände zum Namaste-Gruß vor der Brust zusammen. Erspüren Sie etwas Neues, eine neue Öffnung, eine neue Wahrnehmung, die sich in dem Augenblick bei Ihnen einstellt. Auf diese Weise können Sie jedes Thema klären.

Fantasie: „Nehmen wir einmal an ..."

Gerade zu Beginn des Übens kann Fantasie dabei helfen, überhaupt an Wahrnehmungen zu kommen. Hierfür bediene ich mich gern der „Nehmen wir einmal an"-Technik.

BEISPIELE:

o „Nehmen wir einmal an, Sie wüssten, in welcher Gestalt Ihr Höheres Selbst sich Ihnen zeigen möchte. Wie würden Sie es wahrnehmen?"

o „Nehmen wir einmal an, Sie wüssten um die Ursache für ein Problem oder Leiden. Welche Lösung dafür würde in Ihnen aufsteigen?"

o „Wenn Sie wüssten, was Sie tun müssten, um gesund zu werden/eine optimale Beziehung zu führen/Ihren Traumjob zu finden/Ihre Lebensaufgabe zu verwirklichen, was wäre es dann?"

o „Nehmen wir einmal an, Sie würden die Aufgabe, die in Ihrer [momentanen] Beziehung liegt, kennen. Welche Antworten würden Sie erhalten?"

Durch die „Nehmen wir einmal an"-Frage beziehungsweise die „Wenn Sie es wüssten"-Implikation überwinden wir die Barriere des Verstandes, der glaubt, dass er die Antwort nicht empfangen könne. Eine weitere Hilfe, gerade im Empfangen von Bildern, liegt in der Alternativfrage. Damit sprechen wir den Verstand in seiner Sprache an und er kann darauf antworten und uns die Brücke zur Wahrnehmung schlagen:

o „Wenn Sie es wüssten, dann ist Ihr Höheres Selbst, wie es sich Ihnen zeigen möchte, jung oder alt?"

o „Wenn Sie es wüssten, dann hat Ihr Traumberuf mehr mit der materiellen oder mehr mit der esoterischen Welt zu tun?"

o „Liegt das vorgestellte Symbol [zum Beispiel eine Weggabelung] eher im Flachland oder eher auf einem Berg?"

Immer wieder können Ihnen die „Nehmen wir einmal an"-Implikation sowie die Alternativfrage helfen, über den Verstand hinaus zur Wahrnehmung zu gelangen, indem Sie den Verstand nicht leugnen oder verdrängen, sondern zur Mitarbeit bewegen und dann darüber hinausgehen.

Wie Sie mithilfe von EFT Ihre erweiterte Wahrnehmung verbessern

In unserem Körper gibt es unendlich viele Energieströme, die Informationen innerhalb des gesamten Systems austauschen. Von besonderer Bedeutung sind die sogenannten Meridiane, Leitungen innerhalb des Körpers zwischen einzelnen Organen und dem Gehirn. Innerhalb dieses Systems gibt es über 600 Punkte im Körper, an denen mit den Energieströmen Kontakt aufgenommen werden kann.

Roger Callahan entdeckte, dass durch das Fokussieren der Aufmerksamkeit bei gleichzeitiger Berührung bestimmter Meridianpunkte Fehlinformationen im Körper gelöscht werden können. Auf diesem Wissen aufbauend, entwickelte Gary Craig dann eine Methode, die Menschen hilft, die eigenen Energien wieder ins Fließen zu bringen, und die er EFT, *Emotional Freedom Technic*, (Deutsch: Energiefeldtherapie) nannte.

ÜBUNG 6: Mit EFT die erweiterte Wahrnehmung verbessern

Denken Sie zuerst an die Form der erweiterten Wahrnehmung, um die es genau geht, beispielsweise das Hellsehen oder auch die Telepathie. Konzentrieren Sie sich auf das Thema und geben Sie an, *wie sehr* Sie zu einer sensitiven Wahrnehmung in der Lage sind. Bei der Bewertung haben Sie zwei Möglichkeiten:

o *Positiv aufsteigende Skala:* Geben Sie Ihrer Fähigkeit im Hellsehen einen Wert von 0 („Ich kann überhaupt nichts wahrnehmen") bis 10 („Ich kann exzellent wahrnehmen").

o *Negativ aufsteigende Skala:* Geben Sie Ihrer Blockierung im Hellsehen einen Wert von 0 („nicht vorhanden") bis 10 („sehr stark").

Dann bilden Sie eine Versöhnungsformel. Eine Versöhnungsformel besteht immer aus zwei Teilen: Der eine beschreibt das Thema, den Bereich des Hellsehens, um den es geht. Dadurch wird die Adresse für die Intervention genannt. Der zweite Teil gibt dem Unterbewusstsein die positive Information: „... akzeptiere ich mich, wie ich bin." Die Versöhnungsformel ist immer gleich gehalten und bettet das Problem in einen Satz wie diesen ein: „Obwohl ich ... [Thema] habe, akzeptiere ich mich voll und ganz!" In unserem Fall könnte die Versöhnungsformel wie folgt lauten:

o „Obwohl ich nur begrenzt/gar nicht hellsehen kann, akzeptiere ich mich voll und ganz!" (Aufsteigende Skala). Oder:

o „Obwohl meine Fähigkeit zum Hellsehen blockiert ist, akzeptiere ich mich voll und ganz!" (Absteigende Skala)

Achten Sie darauf, dass die Formel das Thema stets exakt anspricht. Oft spüren Sie an einer seelischen Regung, ob die Formel stimmt und den Kern des inneren (geladenen) Musters trifft. Sprechen Sie die Versöhnungsformel dreimal laut aus, während Sie mit der Hand großflächig die rechte, obere Ecke des Herzens umkreisen, so als wollten Sie dort ein Massageöl einreiben. Dieser Punkt am Herzen wird in der chinesischen Akupunktur „Teich des Himmels" genannt und kann beim EFT als „Eingangspforte" für Botschaften an unser Vorbewusstes dienen.

Der „Teich des Himmels", beim EFT auch *sore spot* (= wunder Punkt) genannt, liegt schräg unterhalb des Jugulums, des kleinen Punktes am Halsanfang, wo bei Männern der Krawattenknoten sitzt. Um den Punkt aufzufinden, gehen Sie vom Jugulum zehn Zentimeter nach unten und von dort aus zehn Zentimeter nach links, also in Richtung Herz. Sie erkennen diesen Punkt daran, dass er sich beim Reiben wund anfühlt, so wie nach einem Muskelkater. Durch das Umkreisen der rechten oberen Herzecke wird automatisch der *sore spot* aktiviert.

Damit die Versöhnungsformel greift, sind drei Dinge erforderlich:

o das jeweilige exakte Aussprechen der „Zieladresse", also des Themas und der Behinderung (dafür ist das Hinspüren so wichtig);

o das Reiben des *sore spots*, bei dem Sie wirklich spüren, dass Sie den empfindlichen Punkt, die Eingangspforte zu Ihrem Vorbewussten, öffnen;

o das Aussprechen, Flüstern oder das Denken der Versöhnungsformel. Hierbei ist wichtig, dass Sie mit der Versöhnungsformel eins werden und die gedachten oder gesprochenen Worte innerlich „vollziehen". Nur wenn Sie meinen, was Sie sagen, kommt es beim Vorbewussten an.

Die Versöhnungsformel ist deshalb von so großer Bedeutung, weil nur in der Versöhnung mit dem, „was ist", das Körper-Energiesystem für das nachfolgende Klopfen der auflösenden Punkte *präsent* ist. Deshalb ist es auch bedeutsam, das Thema exakt zu benennen, damit Sie nicht an der Sache „vorbei klopfen".

NACHFOLGEND DIE ÜBUNG IM DETAIL

Kreisen Sie mit den Fingerspitzen sanft auf dem „Herzpunkt" *(sore spot)* links neben dem Ende des Brustbeines und sprechen Sie wiederholt die auf Ihr Problem maßgeschneiderte Versöhnungsformel, beispielsweise:

o „Obwohl ich nicht/kaum hellsehen kann, akzeptiere ich mich voll und ganz!"

o „Obwohl ich mich im Hellsehen blockiert fühle, akzeptiere ich mich voll und ganz!"

Klopfen Sie nach der Versöhnungsformel die nachfolgend beschriebenen Punkte in Ihrem Körper, während Sie an Ihr Potenzial zum Hellsehen beziehungsweise die jeweilige Blockade im Hellsehen denken. Während Sie in das spezielle Thema emotional hineingehen, idealerweise auch leise vor sich hersagen (zum Beispiel: „Diese Blockade ..."), klopfen Sie mit Ihren Fingerspitzen der Reihe nach die folgenden sieben Stresslöser-Punkte ab:

1. Anfang der Augenbrauen: Augenbrauen-Punkt, *Blasen-Meridian*;
2. Knochen am äußeren Augenwinkel: Schläfen- beziehungsweise seitlicher Augen-Punkt, *Gallenblasen-Meridian*;
3. Knochen unter dem Auge: Jochbein-Punkt, *Magen-Meridian*;
4. Mulde zwischen Nase und Oberlippe: Unter-Nasen-Punkt, *Gouverneursgefäß-Meridian*;
5. Einbuchtung zwischen Unterlippe und Kinn: Unterlippen-Punkt, *Zentralgefäß-Meridian*;
6. zirka einen Zentimeter unter dem Schlüsselbein: Schlüsselbein-Punkt, *Nieren-Meridian*;
7. auf Höhe der Brustwarze unter dem Arm, Unter-Achselhöhlen-Punkt, an beiden Seiten, *Milz-Pankreas-Meridian*; eventuell zusätzlich den „Karatepunkt" an der Handkante unterhalb des Kleinfingergelenkes (sogenannter *Dünndarmpunkt*).

Die oben aufgeführte Aufstellung zeigt Ihnen, dass mit den sieben Klopfpunkten alle Meridiane erreicht werden. Es ist beim Klopfen nicht notwendig, den jeweiligen Meridian zu kennen, den Sie anklopfen.

ÜBUNG 7: Praktische EFT-Anwendung

Wenden Sie nach der oben aufgeführten Beschreibung EFT an, um Ihre Fähigkeiten im Hellsehen zu verbessern.

Konzentrieren Sie Ihre ganze Aufmerksamkeit beim Klopfen auf die Blockade beziehungsweise das, „was ist". Fühlen Sie diese. Wenn Sie möchten, verziehen Sie das Gesicht zu einer Grimasse und übertreiben Sie, um wirklich mit der eingespeicherten geladenen Energie in Kontakt zu kommen.Wichtig: Gehen Sie gedanklich in das Thema hinein, während Sie die Punkte klopfen.

Wenn während des Klopfens alte Bilder oder Emotionen hochkommen, ist dies völlig in Ordnung, aber ebenfalls nicht zwingend erforderlich. Klopfen Sie fest, aber nicht so fest, dass es weh tut. Bestimmte Punkte möchten länger geklopft werden und rufen womöglich heftige Emotionen hervor und andere nicht. Dies hängt mit dem Zustand des jeweiligen Meridians zusammen, der gerade beklopft wird. Ihr Gefühl sagt Ihnen, wann Sie genug geklopft haben – meistens reicht es, sieben bis acht Mal zu klopfen. Denken Sie nach dem Klopfen wieder an das Thema und spüren Sie, ob sich Ihre Fähigkeit hellzusehen verbessert hat beziehungsweise ob die Blockade kleiner geworden ist. Klopfen Sie sich hoch auf 10 (aufsteigende Skala) beziehungsweise runter auf 0 (absteigende Skala). Beginnen Sie immer wieder mit dem Umkreisen und der Versöhnungsformel, die Sie beispielsweise wie folgt abwandeln können:

o „Obwohl meine Fähigkeit im Hellsehen immer noch nicht optimal ist, akzeptiere ich mich voll und ganz!" Oder:

o „Obwohl noch ein Rest von Blockade für das Hellsehen da ist, akzeptiere ich mich voll und ganz!"

Bestimmen Sie erneut die Intensität der Blockade/die Fähigkeit zum Hellsehen auf einer Skala von 0 bis 10. Wenn der geschätzte Wert noch nicht optimal liegt, ist die nächste „Klopfrunde" dran.

Während des Übens kann es sein, dass sich das Thema und damit die Formel verändert. Aus diesem Grund sollten Sie nach jedem Durchgang erneut bewusst spüren, wie Sie sich im Jetzt fühlen und was gerade hochkommt. Hinter der Unfähigkeit zum Hellsehen können eine alte Trauer, ein Ärger oder ein Gefühl von Isolation, Angst oder alte Traumata auftauchen. In diesem Fall vollziehen Sie die Versöhnungs- und Klopfrunde mit dem, was im *Jetzt* aktuell aufsteigt. Schälen Sie so – ähnlich einer Zwiebel – eine Schicht nach der anderen ab, bis nichts mehr hochkommt und spüren Sie erneut, wie erweitert Ihre Wahrnehmung dann ist.

„Das, was der Fall ist, ist der Fall", das bedeutet: Alle Themen, die zwischendurch aufkommen, dürfen da sein und können beklopft werden. Blockaden, die bisher Ihr Hellsehen verhindert haben, sind in vielen Fällen auch sekundärer Natur. Die Versöhnungsformeln könnten in dem Fall beispielsweise sein:

o „Obwohl ich Trauer/Ärger/Isolation spüre, akzeptiere ich mich voll und ganz!"

o „Obwohl ich schon als kleines Kind verschlossen war, akzeptiere ich mich voll und ganz!"

o „Obwohl ich alle Fehler bei mir suche, akzeptiere ich mich voll und ganz!"

o „Obwohl ich glaube, total unfähig zu sein, akzeptiere ich mich voll und ganz!"

o „Obwohl ich mich von der höheren Inspiration abgeschnitten fühle, akzeptiere ich mich voll und ganz!"

o „Obwohl ich etwas nicht sehen will, akzeptiere ich mich voll und ganz!"

WICHTIG: Gehen Sie eher spielerisch an die Sache heran und stets nur so weit, wie Sie möchten. Erleben Sie, wie sich Ihre Wahrnehmung tatsächlich durch das Klopfen verändert. Das möchte geehrt werden. Beim EFT geht es nicht darum, Unangenehmes „weghaben" zu wollen oder zu verdrängen, sondern darum, sich auf eine Reise, in den Prozess des bewussten Spürens und Loslassens zu begeben. EFT ist also eine Möglichkeit der Selbsterfahrung und kein Instrument, um sich selbst zu geißeln. Jedes Mal, bevor Sie mit der Versöhnungsformel ansetzen, und auch beim anschließenden Klopfen sollten Sie die auftauchenden Empfindungen *ganz bewusst* spüren, damit sie mit dem Klopfen aus dem Zellgedächtnis entlassen werden können. Ihre Fähigkeit, „jedes Mal neu hinfühlen zu können", ist also gefragt. Falls Sie einmal nichts fühlen sollten, sprechen Sie folgende Versöhnungsformeln:

o „Obwohl ich nicht fühlen kann, was los ist, akzeptiere ich mich voll und ganz!"

o „Obwohl ich nichts fühlen kann, akzeptiere ich mich voll und ganz!"

o „Obwohl ich nicht bereit bin, wahrzunehmen, was

hinter meinem Nichtfühlen liegt, akzeptiere ich mich voll und ganz!"

Machen Sie so viele Durchgänge, bis Sie sich frei von Hellsehblockaden fühlen beziehungsweise Ihr Wert im Hellsehen deutlich gestiegen ist. Im optimalen Fall liegt der Positivwert bei 10 beziehungsweise der Stresswert bei 0.

KLEINER PRAKTISCHER TIPP: Um Ihre Klopfserie in der Öffentlichkeit unauffällig zu gestalten, gehen Sie auf ein stilles Örtchen und wenden dort ungestört EFT an. Alternativ bieten sich an:

o Sie berühren die Punkte lediglich und pressen sie leicht. Oder:

o Sie stellen sich vor, dass Sie die Punkte nacheinander klopfen.

Wenn Sie die Klopfmethode anspricht und Sie vollen Nutzen daraus ziehen wollen, empfehlen sich der Besuch eines EFT-Seminars und entsprechende Fachliteratur.[5]

Visionen bekräftigen durch EFT

EFT kann auch Ihre Gabe des Visionierens fördern. Wenden Sie dazu folgende Klopftechnik an:

Bewerten Sie Ihre Schwierigkeit, Visionen kraftvoll wahr- und aufzunehmen, auf einer (negativen) Stress-skala von 0 bis 10. (10 = „Ich kann mir meine Vision überhaupt nicht vorstellen." 0 = „Ich bin eins mit meiner Vision, lebe in ihr.")

NACHFOLGEND EIN BEISPIEL:
„Können Sie sich vorstellen, wie Ihr Leben aussehen würde, wenn Sie hellsehen könnten?" – „Schlecht!"

„Wie schlecht auf einer Skala von 0 bis 10?" – „9".

Dann behandeln Sie die Vision mittels EFT, beispielsweise mit der Formel:

„Obwohl ich noch Schwierigkeiten habe, mir das vorzustellen, akzeptiere ich mich voll und ganz!"

Stellen Sie sich beim Klopfen die Schwierigkeit vor. Machen Sie so viele Durchgänge, bis die Schwierigkeit gegen Null gegangen ist. Hierbei sollte die Bewertung objektiv erfolgen und nicht beschönigt werden.

Die Kombination von Vision und EFT können Sie auch zur Unterstützung Ihrer Projekte verwenden. Dabei verfahren Sie wie folgt:

Sie visualisieren, wie Sie Ihre Vision verwirklicht haben (was immer Ihre Vision sein mag) und stärken diese Vision: „Wie gut kann ich mir vorstellen, diese Vision erfüllt beziehungsweise das Problem beseitigt zu haben?" und beklopfen dieses mit EFT wie oben dargestellt.

Übung 8: Bekräftigen Sie eine Vision mithilfe von EFT

Machen Sie sich eine Vision bewusst, etwas, das Sie erreichen möchten. Dann fragen Sie sich: Zu welchem Ausmaß kann ich glauben, dass sich diese Vision erfüllt? Wählen Sie dafür wieder die Skala von -10 bis +10. Dann klopfen Sie mit dem Satz: „Obwohl ich Schwierigkeiten habe, mir … [meine Vision] vorzustellen, akzeptiere ich mich voll und ganz." Prüfen Sie erneut, in welchem Ausmaß Sie an Ihre Vision glauben können. Klopfen Sie erneut: „Auch wenn noch ein REST von Schwierigkeiten da ist, mir … [meine Vision] vorzustellen, akzeptiere ich mich voll und ganz." Klopfen Sie mit dieser Formel so lange, bis Sie bei + 10 sind. Falls auf dem Weg dorthin neue Empfindungen/Emotionen auftauchen, zum Beispiel Angst, Unsicherheit usw., bauen Sie diese in Ihre Versöhnungsformel ein.

Besser wahrnehmen durch das Löschen psychologischer Umkehrungen

Eine psychologische Umkehrung ist wie eine innere Fehlschaltung, die dafür sorgt, dass die positive Absicht nicht ankommt, also eine Art Selbstsabotage. Wenn wir dies erkennen, können wir Menschen nicht mehr dafür verurteilen, dass sie sich selbst im Weg stehen, weil sie nichts dafür können. Stattdessen versuchen wir, ihnen aus der Umkehrung herauszuhelfen, falls sie dazu bereit sind. Oftmals verursachen Fehlinterpretationen die Verdrehung. Durch Gründe, die im Einzelfall verschieden sind, hat der Körper Energie für das Unvorteilhafte, zum Beispiel für die Blockade und nicht für die Lösung.

Sie erkennen eine psychologische Umkehrung, indem Sie an beide Varianten denken und wahrnehmen, welche davon mehr Energie hat

NACHFOLGEND EIN BEISPIEL:

o „Ich will Hellsehen können!" – „Ich will meine Unwissenheit beibehalten!"

o „Ich bin bereit zu mehr Erfolg!" – „Ich will, dass alles so bleibt, wie es ist!"

o „Ich will eine erfüllte Beziehung!" – „Ich will lieber allein leben!"

o „Ich will mit meinem Partner Erfolg haben!" – „Ich will einen anderen Partner!"

o „Ich will, dass meine Visionen wahr werden!" – „Ich will, dass meine Visionen sich nicht erfüllen!"

Mithilfe der Kinesiologie können Sie Umkehrungen testen. Welche der beiden Varianten mehr Energie hat, erkennen Sie beispielsweise mittels des „Armtests". Die Kinesiologie geht von der Erkenntnis aus, dass ein Zusammenspiel von Muskeln, Nerven und Knochen mit der Körperhaltung besteht, zugleich aber auch Rückschlüsse auf das Unterbewusstsein möglich sind. Die körperliche und psychische Verfassung spiegelt sich in der Funktion der Muskeln wider. Beim Armtest hält der Patient seinen Arm waagerecht ausgestreckt. Der Behandler übt Druck auf den Arm aus, während der Patient versucht, diesem Stand zu halten. Wird nun etwas getestet, was den Patienten schwächt, kann dieser den Arm trotz bewusster Willensanstrengung nicht halten.

Wenn Sie sensitiv sind, benötigen Sie nicht einmal die Kinesiologie, um Umkehrungen wahrzunehmen. Sie können sich auch beide Varianten vorstellen und spüren, welche mehr Energie trägt. Wenn sich bei dem Gedanken „Ich will hellsehen können" ein ungutes Gefühl einstellt, während Sie sich bei dem Gedanken „Ich will meine Unwissenheit behalten" gut fühlen, liegt eine Umkehrung vor.

Um eine Umkehrung zu testen, ist es wichtig, sich nicht zu bemogeln, sondern zu spüren, was Sie wirklich fühlen. Um eine psychologische Umkehrung zu neutralisieren („löschen"), untersuchen Sie zuerst, *worin* diese psychologische Umkehrung besteht, und finden Sie dabei die geeignete Formel zur Auflösung. Umkreisen Sie den *sore spot*, während Sie die nachfolgend erklärten Formeln sprechen. Wenn Sie unsicher sind, welche der Umkehrungen zutreffen, behandeln Sie am besten alle:

Aufschieben: „Auch wenn ich meine Fähigkeit zum Hellsehen bis heute aufgeschoben habe, akzeptiere ich mich voll und ganz!"

Behalten: „Auch wenn ich meine Unwissenheit behalten will, liebe und akzeptiere ich mich voll und ganz!"

Bereitschaft: „Auch wenn ich noch nicht bereit bin zum Hellsehen, akzeptiere ich mich voll und ganz!"

Besonderheit: „Auch wenn ich eine besondere Blockierung beim Hellsehen habe, liebe und akzeptiere ich mich voll und ganz!"

Erlaubnis: „Auch wenn es für mich unmöglich ist, Hellsehen zu können, liebe und akzeptiere ich mich voll und ganz!"

Global: „Auch wenn ich eine Blockade habe, liebe und akzeptiere ich mich voll und ganz!"

Notwendig: „Auch wenn ich nicht alles tue, was notwendig ist, damit ich hellsehen kann, liebe und akzeptiere ich mich voll und ganz!"

Sicher: „Auch wenn ich nicht sicher bin, ob ich hellsehen kann, liebe und akzeptiere ich mich voll und ganz!"

Verdienst: „Auch wenn ich glaube, es nicht zu verdienen, hellsehen zu können, liebe und akzeptiere ich mich voll und ganz!"

Zukunft: „Auch wenn ich meine Blockade behalten sollte, liebe und akzeptiere ich mich voll und ganz!"

Danach behandeln Sie Ihre Angst mit der Methode des EFT, klopfen Sie aber insbesondere auch die Handkante unterhalb des Knöchels des kleinen Fingers („Karatepunkt"). Es erscheint zunächst paradox, dass gerade durch das Akzeptieren der Umkehrung sich diese löst! Das liegt in den Naturgesetzen begründet, die bestrebt sind, alles in Ordnung zu bringen, was durch uns (an)genommen wird. Natürlich können Sie die Umkehrungen auch bezüglich eines anderen Themas klopfen (Visionen, Erfolg, Partnerschaft, Beruf usw.).

Übung 9: Anwendung der Auflösungsformel

Wenden Sie die oben aufgeführten „Auflösungsformeln für Umkehrungen" für ein Hellseh-Thema an, das Sie beschäftigt.

Präzise Übersetzung außersinnlicher Wahrnehmung in Worte

Wahrnehmung hat verschiedene Grade von Klarheit. Wenn Sie etwas hellsehen/wahrnehmen, können Sie zugleich erkennen, wie klar oder unklar Ihre Wahrnehmung ist. Und Sie können dies auch mit Worten ausdrücken, wie beispielsweise:

o „Ich spüre sehr klar, dass es so ist ...“

o „Ich ahne, dass es so ist, bin mir aber nicht vollkommen sicher ...“

o „Ich bin mir nicht sicher, ich bekomme da einen Eindruck von ..., könnte das stimmen?“

o „Ich bekomme ein Gefühl, habe aber noch keine Worte dafür, was ich wahrnehme, vielleicht kommen die Worte noch später ...“

o „Ich habe derzeit keine Wahrnehmung dazu!“

Gerade das Bekenntnis: „Ich weiß nicht“ erfordert Mut und Klarheit. Es ist, als wenn Sie jemand nach dem Weg fragt. Es erfordert Mut zu sagen: „Ich weiß nicht, wo die Franzstraße ist“, denn der andere könnte zurückfragen: „Wieso, ich denke, Sie sind ein Einheimischer?!“ Oder bezüglich des Hellsehens: „Wieso, ich denke, Sie sind Hellseher, dafür bezahle ich Sie doch?!“ Die Gefahr ist hier groß, eine pseudo-hellsichtige Erkenntnis zu geben, um nicht sich und dem anderen eingestehen zu müssen, dass Sie nichts wahrnehmen. Die Sprache der außersinnlichen Wahrnehmung ist eine rein energetische. Sie ist vielleicht vergleichbar mit der Programmiersprache von Computer-Sofware. Damit für einen Dritten eine verständliche Aussage entsteht, bedarf es der „Übersetzungsleistung" von „Wahrnehmung" in Worte. Hier geschehen manchmal Fehler, insbesondere wenn der Verstand noch nicht darauf trainiert ist, Energie-Wahrnehmungen in Worte zu kleiden.

Wahrnehmung ist immer energetisch. Jede *Aussage* über das Wahrgenommene fixiert die Wahrnehmung und erinnert an sie, reduziert sie aber zugleich. Zudem besteht die Gefahr, dass der Verstand während der Übersetzung eigene Interpretationen hinzufügt. Deshalb ist es wichtig, die Wahrnehmung so detailgetreu wie möglich zu beschreiben. Dafür können wir uns auch der Analogien, Bilder, Symbole bedienen, die oftmals eindrücklicher als logische Worte aufzeigen, was wahrgenommen wurde.

Natürlich kommt auch der Hellseher nicht darum herum, gelegentlich Interpretationen zu benutzen, doch sollte er sie sprachlich deutlich von seiner Wahrnehmung trennen, zum Beispiel indem er sagt: „Und ich schließe daraus, dass ..."

Da die Einkleidung in Worte immer subjektiv ist, ist es nicht hilfreich, die in Worte gekleidete Wahrnehmung zu zensieren oder intellektuell zu zerreden. Die Wahrnehmung des Einzelnen sollte nicht intellektuell reglementiert oder diskutiert werden, weil die intuitive Gabe darunter leidet. Dies bedeutet nicht, dass Sie blind Ihrer Wahrnehmung folgen, aber auch nicht, dass Sie sich über das, was Sie wahrnehmen, den Kopf zerbrechen. Fortwährendes Üben präzisiert den Ausdruck. Im Laufe der Zeit spüren Sie immer besser, wann Sie etwas wahrgenommen und wann Sie fantasiert haben.

Das Fokussieren der Aufmerksamkeit

Dort, wo Sie Ihre Aufmerksamkeit hingeben, dorthin fließt Ihre schöpferische Energie. „Aufmerksam zu sein" bedeutet im lateinischen „adtendere", wörtlich übersetzt: „sich zu etwas hin ausdehnen".

„Realität wird durch Aufmerksamkeit aufrechterhalten ... Aufmerksamkeit erscheint sowohl als Energie als auch in Form subatomarer Teilchen als Informationsträger ... Wenn Aufmerksamkeit mit Bedeutung aufgeladen oder mit Werturteilen verbunden wird, wird sie emotional und haftet sich an Dinge."[6]

Die nachfolgenden Übungen helfen Ihnen, in eine Zentriertheit zu kommen, aus der heraus Sie die Aufmerksamkeit frei richten können.

ÜBUNG 10: Aufmerksamkeit und Blickrichtung trennen

Betrachten Sie kurz etwas vor sich. Etwas, das Sie bisher noch nicht bemerkt haben, dann hinter sich, links von sich und rechts von sich. Dann schauen Sie nach vorn, richten die Aufmerksamkeit allerdings nach hinten. Dann richten Sie die Aufmerksamkeit zugleich nach rechts und nach links. Dann richten Sie die Aufmerksamkeit auf alle vier Richtungen gleichzeitig.

ÜBUNG 11: Aufmerksamkeit von Anhaftungen lösen

Lassen Sie einmal ein Stück Ihres Lebensfilmes, zum Beispiel den heutigen Tag, geistig vorüberziehen. Erleben Sie, wovon Ihre Aufmerksamkeit angezogen und wo sie abgestoßen wird. Und dann erleben Sie dieses Stück Lebensfilm noch einmal in innerer Zentriertheit, als reiner Zeuge, ohne sich mit der Anziehung oder Abstoßung zu identifizieren. Natürlich können Sie diese Übung auch mit Themen machen, die emotional aufgeladen sind (Geld, Beziehungen, Erfolg, Sexualität etc.).

Übungen, um Ja-/Nein-Antworten zu erhalten

Vor- und Nachteile von Ja-/Nein-Techniken

Eine gute Einstimmung in die erweiterte Wahrnehmung erhalten wir mit Methoden, die uns darin unterstützen, Ja-/Nein-Antworten zu erhalten. Eigentlich sind die Methoden Wiederentdeckungen, da alle Instinkte in uns angelegt sind, die uns sagen, was für uns gut und was für uns unvorteilhaft ist. Vorteil der Ja-/Nein-Techniken ist, dass sie ein schnelles Ergebnis produzieren. Der Nachteil besteht darin, dass wir nichts über die Hintergründe erfahren. Hellsehen ist weitaus umfassender, und doch kann es in vielen Fällen hilfreich sein, erst einmal nur die Entscheidung als solche zu kennen.

Gut fahren Sie auch, wenn Sie Ja-/Nein-Wahrnehmungen mit dem Hellsehen verbinden. Das bedeutet, dass Sie dort, wo Ihnen die Ja-/Nein-Methoden Ungereimtheiten signalisieren, genauer hinschauen, jedoch da, wo alles im grünen Bereich ist, es bei der Ja-/Nein-Wahrnehmung belassen.

Das Körperpendel

Beim Körperpendel bitten Sie Ihr Unterbewusstsein, Ihren Körper nach vorn kippen zu lassen, wenn die Antwort „Ja" ist und ihn nach hinten kippen zu lassen, wenn die Antwort „Nein" ist. So können Sie in jeder Lebenslage unauffällig Ihren Körper befragen, ob zum Beispiel eine Ware gut für Sie ist. Voraussetzung dafür ist, dass Sie sich vor dem Einsatz des Körperpendels in Ihre innere Mitte und Neutralität begeben und auch wirklich hinspüren. Dies bedeutet unter anderem, vorgefertigte Meinungen außen vor zu lassen und bewusst im „Hier und Jetzt" zu sein.

Übung 12: Den Körper wahrnehmen

Gehen Sie leicht in die Knie. Spüren Sie, wie Sie auf dem Boden stehen. Stehen Sie mehr auf der Ferse oder mehr auf dem Ballen? Pendeln Sie mit dem Körper leicht nach vorn, dann leicht nach hinten und finden Sie dann die Mitte zwischen beiden Bewegungen.

Übung 13: Das Körperpendel eichen

Balancieren Sie sich im Körperpendel aus, „eichen" Sie sich. Nehmen Sie einen Gegenstand in die linke Hand, legen Sie diesen auf den Bauchnabel und spüren Sie, ob der Körper nach vorn („Ja") oder nach hinten („Nein") geht. Wenn Sie möchten, spüren Sie auch, ob der Körper Zuneigung oder Abneigung signalisiert. Besonders eindrucksvoll wird die Testung, wenn Sie beispielsweise ein nicht entstörtes Handy auf den Prüfstand nehmen und dann im Vergleich dazu qualitativ hochwertige Lebensmittel (Bio-Apfel).

WEITERE TESTOBJEKTE FÜR ÜBUNGEN: Fotos von Bekannten („Welche Menschen tun mir gut?"), Arzneimittel, Lebensmittel oder auch Namen und Themen, die Sie auf einem Zettel notieren und dann austesten.

ANMERKUNG: Ist der Test bei einer eigentlich negativen Sache positiv, liegt eine psychologische Umkehrung vor, die wie bereits erwähnt mit EFT behandelt werden kann. Beispiel: Wenn Ihr Körper auf die Worte „Ärger", „Beziehungskrise" oder „Arbeitslosigkeit" positiv reagiert.

Nach meiner Erfahrung hat es sich bewährt, den Körper vor einer solchen Befragung einzustimmen. Am besten tun Sie dies, indem Sie in Ihren Körper hineinfühlen, bevor Sie mit dem Test beginnen. Sagen Sie beispielsweise zu Ihrem Körper: „Bitte, wenn du mich hörst, gib mir ein Zeichen für Ja." Dann lassen Sie los und öffnen sich innerlich für ein Körperzeichen. In der Regel wird der Körper leicht nach vorn kippen, aber auch ein Strömen oder etwas ganz Anderes können ein Zeichen sein. Fragen Sie anschließend Ihren Körper: „Habe ich richtig verstanden? Falls ja, dann gib mir bitte dieses Zeichen noch einmal." So stimmen Sie sich optimal auf eine Zusammenarbeit ein.

Während Sie testen, sollten Sie Ihren Körper immer wieder bitten: „Gib mir ein Ja" beziehungsweise „Gib mir ein Nein", damit Sie auf seine Reaktionen eingestimmt sind. Gewöhnen Sie sich an, mit Ihrem Körper zu reden und er wird Ihnen antworten.

Übung 14: Das Körperpendel spüren

Eichen Sie Ihr Körperpendel. Dann legen Sie sich einen Bio-Apfel vor den Bauch, in der Regel geht der Körper nach vorn. Dann halten Sie sich ein nicht entstörtes Handy oder eine Plastiktüte vor den Bauch, in der Regel geht der Körper nach hinten.

Übung 15: Fragen beantworten mit dem Körperpendel

Eichen Sie Ihr Körperpendel und lassen Sie sich von Ihrem Körper eine Frage, die Ihnen am Herzen liegt, beantworten. Gehen Sie eher spielerisch an diese Übung heran.

Instinktsicherheit

Instinktsicherheit ist nicht das Gleiche wie Hellsehen. Instinktsicherheit haben wir aus dem Tierreich gelernt. Es riecht brenzlig, wir springen auf, weil wir ein Feuer vermuten. Auch eine Situation kann brenzlig riechen. Je mehr wir unsere Sinne pflegen und bewusst wahrnehmen, um so spürbarer wird unsere instinktive Wahrnehmung. Instinkte erkennen wir daran, dass sie sich nur *einmal* melden – und dann nicht wieder. Haben wir einen Impuls unserer Instinkte überhört, beschäftigen diese sich dann damit, wie mit der neuen Situation umzugehen ist – sie melden sich in der gleichen Sache *einmal, aber kein zweites Mal.* Hinterher sagen wir dann: „Ich habe es doch gewusst ..., aber nicht danach gehandelt!"

Es braucht Mut, den eigenen Instinkten zu vertrauen und nach ihnen zu handeln, insbesondere dann, wenn der Verstand eine andere Lösung erwartet oder man Angst hat, die anderen mit seiner Handlung zu enttäuschen. Nicht jeder ist gleichermaßen instinktbegabt. Instinkte zeigen sich oft als körperlich spürbare Impulse. Je mehr Sie auf diese achten, umso klarer werden diese.

Beispiel:
Sie arbeiten mit einem Klienten/Patienten und bekommen plötzlich einen einmaligen Impuls, ein ganz bestimmtes homöopathisches Mittel zu testen.

Jeder sollte prüfen, ob den Instinkten zu folgen sein Weg oder eine andere Wahrnehmung für ihn zuverlässiger ist. Wenn Sie Ihren instinktiven Impulsen folgen und liegen nicht richtig, werden nicht die instinktiven Impulse, sondern andere Wahrnehmungen für Sie geeignet sein. Eine Human-Design-Analyse kann aufgrund Ihrer Geburtsdaten feststellen, ob Sie genetisch instinktsicher geprägt sind.[7]

Die Sinnestore öffnen

Wie wir im Einführungsteil bereits erkannt haben, gibt es verschiedene Formen erweiterter Wahrnehmung. Dazu gehören Hellsehen, Hellhören, Hellfühlen, Hellriechen, Hellschmecken usw. Als Vorbereitung auf die Öffnung der inneren Sinnestore für diese Wahrnehmungen ist es hilfreich, zuerst einmal die äußeren Sinnestore für die verschiedenen Sinneseindrücke zu sensibilisieren.

ÜBUNG 16: Sehen

Sehen Sie mit geschlossenen Augen:

o eine geometrische Figur (Kreis, Dreieck, Quadrat);

o Farben (siehe dazu auch das Kapitel „Wie Sie Ihre Intuitionsampel einrichten");

o einen geliebten Menschen dreidimensional vor sich oder ein Foto von ihm.

ÜBUNG 17: Hören

Lauschen Sie mit geschlossenen Augen bewusst allen subtilen Geräuschen, zum Beispiel dem Vogelgezwitscher, dem Summen des Kühlschranks, dem Wind usw.

ÜBUNG 18: Fühlen

Nehmen Sie mit geschlossenen Augen verschiedene Gegenstände in die Hand, zum Beispiel aus Papier,

Seide, Wolle, Holz, Stein und „erraten" Sie das Material. Streichen Sie dann über die Gegenstände und spüren Sie Beschaffenheit, Temperatur. Achten Sie auf die feinen Unterschiede.

ÜBUNG 19: Riechen

Riechen Sie die Luft, den Duft eines Menschen, oder schnuppern Sie an einem Stück Holz, einem Gemüse, an einer Blume (können Sie die Sorte erkennen?).

ÜBUNG 20: Schmecken

Schmecken Sie mit geschlossenen Augen Früchte, Schokolade, Süßes, Saures – können Sie erkennen, um was es sich handelt? Variante: Öffnen Sie die Augen und schmecken Sie ein Getränk, ohne es zu kosten, einfach indem Sie es anschauen und sich vorstellen, dass Sie es trinken.

ÜBUNG 21: Sinnen-Spaziergang

Machen Sie sich in einer Hand ein Zeichen für äußeres Sehen (zum Beispiel Daumen und Zeigefinger zusammenlegen), eines für äußeres Hören (zum Beispiel Daumen und Mittelfinger zusammenlegen) und eines für äußeres Fühlen (zum Beispiel Daumen und Ringfinger zusammenlegen). Beim nachfolgenden Spaziergang aktivieren Sie so einen äußeren Sinn nach dem anderen. Irgendwo machen Sie Pause. Machen Sie sich ein Zeichen in der anderen Hand für inneres Sehen, Hören und Fühlen. Aktivieren Sie so auch die inneren Sinne und beschreiben Sie hinterher, was Sie erlebt haben.

Hellsehen, Hellhören, Hellriechen, Hellfühlen – Welcher Typ sind Sie?

Erweiterte Wahrnehmung umfasst nicht nur das Hellsehen, sie kann auch gehört, gerochen, gefühlt oder als unmittelbares Wissen auftreten.

ÜBUNG 22: Machen Sie sich ein Thema bewusst, das Ihnen wichtig ist

Rufen Sie sich verschiedene, vorgegebene Alternativen ins Bewusstsein.

BEISPIEL: Soll ich mich in meiner Beziehung stärker engagieren (A) oder sie so laufen lassen (B)?

BEISPIEL: Soll ich diesen Klienten homöopathisch (A) behandeln oder allopathisch (B)?

Dann stellen Sie sich geistig vor, Sie würden sich für Alternative A entscheiden. Danach stellen Sie sich vor, Sie würden sich für B entscheiden. Fragen Sie sich bei jeder Alternative:

a) Wenn ich die Alternativen *riechen* könnte, wie würde Alternative A riechen und wie B? – Ihre Antwort könnte beispielsweise sein: A riecht wie kraftvolle Erde, B wie Jauche – in dem Fall wäre die Sache klar!

b) Wenn ich die Alternativen *hören* könnte, wie würde A klingen und wie B? Klingt A wie ein kraftvoller

Tempelgong und B wie das Scheppern von Blech? Auch dann wäre die Entscheidung leicht zu treffen.

c) Wie *fühlt* sich A an und wie B? – Fühlt sich A an wie eine kraftvolle wohltuende Massage auf der Haut und B wie Empfindungslosigkeit? – Auch dies wäre eindeutig.

Indem Sie immer wieder mit den Alternativen spielen, finden Sie Ihren bevorzugten Sinn heraus. Da viele Menschen visuell angelegt sind, gibt es schon seit Langem den Begriff des Hell*sehens.* Doch Hellsehen ist nicht die einzige Möglichkeit der erweiterten Wahrnehmung.

Mit fortwährendem Üben erhalten Sie bei dieser Methode – im Gegensatz zu Kinesiologie, Einhandrute, Pendel oder Körperpendel – eine *sinnliche* und dadurch auch differenziertere Wahrnehmung. Das Verständnis für die Qualität der Entscheidung geht tiefer als beim Ruten oder Pendeln. Der Nachteil gegenüber dem Ruten besteht darin, dass sich das Ruten als effektiver und schneller erweist, wenn viele Entscheidungen hintereinander abgeklärt werden müssen.

Die innere Waage als Entscheidungshilfe

Wenn Sie visuell begabt sind, lohnt es sich, in Ihrem Unterbewusstsein ein Symbol einzurichten, das Ihnen bei der Entscheidungsfindung hilft. Gut geeignet dafür ist das Symbol der Waage.

ÜBUNG 23: Eine Waage denken

Denken Sie an eine Waage, die Sie einmal in Ihrem Leben gesehen haben oder erfinden Sie eine. Wie groß ist sie? Wie sieht sie genau aus? Beschreiben Sie diese in allen Einzelheiten.

ÜBUNG 24: Eine Waage malen

Malen Sie Ihre Waage. Dadurch richten Sie sich die Waage in Ihrem Unterbewusstsein ein. Beispiel: Meine Waage ist eine alte Gemüsewaage, wie wir diese als Kind beim Einkaufen gesehen haben. Die Waagschalen sind aus Blech, die Waage selbst steht auf Holz. Ich sehe auch den Eichstrich und achte darauf, dass diese Waage im Gleichgewicht ist.

ÜBUNG 25: Entscheidungsfindung mithilfe der inneren Waage

o   Gehen Sie absichtslos in einen geistigen Raum.
o   Stellen Sie sich Ihre Waage vor.

o Dann denken Sie an eine Entscheidung, bei der Sie
zwei Lösungsmöglichkeiten haben.

o Legen Sie gedanklich mit geschlossenen Augen die
eine Möglichkeit auf die eine, die andere Möglichkeit auf die andere Waagschale.

o Drehen Sie sich gedanklich um und zählen im Geist
bis zehn. Sehen Sie die Zahlen 1 bis 10 deutlich
bildhaft vor sich. Dies ist wichtig, weil es Sie
„zwingt", für einige Augenblicke *nicht* an die Alternativen zu denken, also diese „Lücke" zu erlauben,
in der sich die Entscheidung im Gehirn fügen kann.

o Dann drehen Sie sich um und schauen hin, welche
Waagschale mehr Gewicht hat. Dies wird die richtige Entscheidung sein.[8]

Während das Körperpendel eine *Impulsentscheidung*
nutzt, handelt es sich bei dem inneren Symbol um
einen *visuellen* Prozess. Dieser kann ergänzend einge-
setzt werden. Vorteilhaft dabei ist, dass Sie lernen hin-
zuschauen. Gerade am Anfang des Übens brauchen
Sie jedoch einige Minuten, bis Sie die Übung durchgeführt haben. Später geht es dann sehr schnell.

Die innere Weggabelung als Entscheidungshilfe

Das Symbol der „Weggabelung" ist insbesondere dann hilfreich, wenn Sie mehr als zwei Lösungen zur Auswahl haben, sie lässt sich jedoch auch bei zwei Alternativen anwenden.

ÜBUNG 26: Installierung der inneren Weggabelung

Zuerst einmal sollten Sie eine Weggabelung mit verschiedenen Richtungsschildern in Ihrem Unterbewusstsein installieren. Dafür denken Sie an einen Ort, an dem Sie bereits einmal eine Wegkreuzung gesehen haben. Wenn Sie wüssten, wo Ihre Weggabelung steht, wo wäre sie? Welche Farbe haben die Richtungsschilder? Wie groß sind sie? Wie viele verschiedene Richtungen gibt es?

Viele empfinden fünf verschiedene Richtungsschilder als ideal, andere bevorzugen lieber drei verschiedene Richtungen. Vielleicht mögen Sie auch die Richtungen in unterschiedlichen Farben, Zahlen oder Buchstaben (von A bis E) anzeigen, doch das soll Ihnen überlassen bleiben. Denken Sie immer wieder an die Weggabelung, bis Sie sich diese mitsamt Richtungsschildern eingeprägt haben.

ÜBUNG 27: Malen der Weggabelung

Zeichnen Sie nun Ihre Weggabelung auf Papier. Dadurch wird sie im Unterbewusstsein verankert.

ÜBUNG 28: Treffen Sie eine Entscheidung mithilfe der inneren Weggabelung

o Vergegenwärtigen Sie sich eine Fragestellung, für die Sie mehrere Alternativen haben.

o Notieren Sie die Alternativen auf einem Blatt Papier, möglichst in verschiedenen Farben, zum Beispiel in den Regenbogenfarben.

o Denken Sie an Ihre Weggabelung.

o Stellen Sie sich vor, Sie schreiben oder hängen die verschiedenen Alternativen auf die verschiedenen Richtungspfeile.

o Wenden Sie sich von den Richtungsschildern ab, zählen Sie innerlich bis zehn.

o Drehen Sie sich um und schauen, welche der Aufschriften auf den Richtungspfeilen noch klar zu sehen ist;

o am stärksten leuchtet;

o am meisten Kraft hat;

o zu Ihnen hinzeigt.[9]

Wichtig ist es, sich alle Schilder bildhaft vorzustellen, sich wirklich gedanklich abzuwenden, um sich dann plötzlich wieder zuzuwenden und sich überraschen zu lassen, welches Schild herausragt. Das, was sich spontan und als erstes zeigt, ist die richtige Lösung.

Für das Gelingen der Übung ist es notwendig, sich nach der Visualisierung der Weggabelung nicht mehr gedanklich einzumischen, da Sie sonst Ihren Impuls, den Sie bekommen haben, verfälschen.

ALTERNATIVE: Wenn Sie keine unmittelbare Wahrnehmung haben oder nicht sicher sind, macht dies nichts. In diesem Fall gehen Sie gedanklich erst den einen oder anderen Weg, um zu schauen, ob er steinig oder leicht gangbar ist und wo er hinführt. Das Zeichen, das deutlich herausragt, zeigt den für Sie richtigen Weg.

Der Vorteil der Wegkreuzung liegt darin, dass Sie unter vielen Alternativen, die gleichzeitig vorhanden sind, auf einen Blick die bestmögliche erkennen können. Wenn Sie sich den Weg bildhaft vorstellen und ihn gehen, erfahren Sie Details über Ihre mögliche Zukunft. Dies ist vorteilhaft gegenüber anderen Entscheidungshilfen wie zum Beispiel der Waage, da Sie mehr über die Details erfahren und mehr als zwei Möglichkeiten durchspielen können. Mit fortwährendem Üben erkennen Sie, ob Sie die verschiedenen Möglichkeiten „wahrgenommen" oder ob Sie „fantasiert" haben – es fühlt sich anders an.

Weitere Symbole als Entscheidungshilfe

Nahezu jedes Objekt aus unserem täglichen Leben eignet sich als Symbol, das Ihnen bei Ihrer Entscheidung helfen kann. Wenn Sie ein Symbol auswählen, sollten Sie darauf achten, dass Sie selbst dazu einen persönlichen Bezug haben.

NACHFOLGEND EINIGE BEISPIELE:

Auto: Stellen Sie sich vor, Ihr Projekt wäre eine Reise, für die Sie ein Auto benutzten. Um welches Auto handelte es sich? Würde das Auto sein Ziel erreichen? Wie wäre die Fahrt? Gäbe es Staus, Unwetter etc.?

Golfball: Stellen Sie sich im Zusammenhang mit Ihrem Thema vor, Sie machten einen Abschlag beim Golf. Das Loch wäre das für Sie stimmige Ziel. Würde der Abschlag gelingen?

Kleid/Anzug: Sehen Sie Ihr Thema als ein Kleid oder einen Anzug an. Passt das Kleidungsstück für Ihre Figur? Steht es Ihnen? Wenn nicht: Wären nur Details zu verändern oder bräuchten Sie ein komplett anderes Kleidungsstück?

Marathonläufer: Beobachten Sie in Gedanken einen Läufer auf seinem Weg. Erkennen Sie, wie er aussieht und ob er auf halbem Weg schlapp macht oder sein Ziel erreicht?

Musik: Imaginieren Sie, dass Ihr Vorhaben ein Stück aus einem Konzert ist. Klingt das Musikstück gut oder sind Misstöne da? Welche Art von Musik entspricht Ihrem Thema? Wenn nötig, verändern Sie Ihre Einstellung so lange, bis Ihr Konzert in Ihren Ohren wohl klingt. Auditiv orientierte Menschen erhalten häufig durch das imaginierte innere Konzert wertvolle Informationen.

Personifizieren: Stellen Sie sich Ihr Projekt/Thema als einen Menschen vor. Wie sieht dieser Mensch aus? Ist er glücklich?

Pflanze: Wenn Ihr Untersuchungsthema eine Pflanze wäre, welche wäre es und wie sollten Sie mit ihr umgehen?

Schuhe: Stellen Sie sich vor, Ihr Gegenstand der Untersuchung wären ein Paar Schuhe, die Sie anzögen. Würden diese passen, hätten sie Löcher oder würden sie drücken?

Tier: Welches Tier entspricht Ihrem Thema und wie geht es ihm?

ÜBUNG 29: Das Lieblingssymbol finden

Probieren Sie mit einer Frage Ihrer Wahl verschiedene Symbole aus und finden Sie auf diesem Weg Ihr Lieblingssymbol.

Innere Farben sehen und fühlen

Um Ihre innere Farbwahrnehmung zu schulen, sollten Sie sich farbiges Papier kaufen, zum Beispiel Plakatkartons in A4-Größe, insbesondere in den Farben Rot, Gelb, Grün, die wir auch später noch brauchen werden. Jedoch ist auch Blau eine interessante Farbe, mit der es sich zu arbeiten lohnt.

ÜBUNG 30: Farben „sehen"

Schauen Sie einige Minuten auf eine Farbe. Dann schließen Sie die Augen und versuchen Sie sich diese Farbe rein geistig vorzustellen.

ANMERKUNG: Für viele Menschen ist die Farbwahrnehmung kein Sehen, sondern ein Fühlen der unterschiedlichen Farben – dies ist auch in Ordnung.

ÜBUNG 31: Farben auf der Haut fühlen

Drehen Sie abwechselnd ein rotes, gelbes, grünes oder blaues Birnchen in eine Lampe und fühlen Sie die Wirkung der jeweiligen Farbe auf Ihrer Haut.

ÜBUNG 32: Sich Farben vorstellen

Nun fühlen Sie die Farben Rot, Gelb und Grün auch ohne Farblampe, einfach indem Sie sich diese Farben vorstellen.

ÜBUNG 33: Farben mit den Händen fühlen

Schließen Sie die Augen, mischen Sie die farbigen Plakatkarton-Karten. Legen Sie verschiedene Farbkarten, insbesondere solche in den Farben Rot, Gelb und Grün vor sich hin. Streichen Sie mit Ihren Händen über die Farben, während die Augen geschlossen bleiben. Stellen Sie sich vor, Ihre Hände verfügten über Fühler, die Farbqualitäten erfassen können. Versuchen Sie mit der Hand die Farben zu fühlen. Vielleicht können Sie die Farbe nicht unmittelbar erraten, aber Sie werden fühlen, dass die Farben unterschiedliche Energien aussenden. Differenzieren Sie Ihre Beschreibung, drücken Sie mit Worten so mannigfaltig wie möglich aus, was Sie empfinden. Sollten Sie noch keine Worte dafür haben, ist dies auch in Ordnung. Wichtig ist die differenzierte Empfindung, die mit jedem Üben feiner werden sollte. Die innere Stille, die Gabe zu fühlen ohne zu denken, erweist sich hierbei als hilfreich. Öffnen Sie die Augen und erkennen Sie, welche Farbe welche Energie ausgesendet hat.

Wie Sie Ihre Intuitionsampel einrichten

Die nachfolgende Übung schult Ihre visuelle Wahrnehmung und koppelt sie an Ihre Instinkte, sodass diese Ihnen auch im Alltag zur Verfügung steht, wenn Sie gerade nicht daran denken. Zuerst ist es wichtig, die Farbwahrnehmung so zu üben, wie im vorangegangenen Kapitel gelernt. Dann können Sie die Intuitionsampel als Hilfe für die eigene Wahrnehmung benutzen. Nachfolgend die Bedeutung der einzelnen Farben:

o *Rot:* stopp, Gefahr, nein;

o *Gelb:* Vorsicht, aufpassen;

o *Grün:* positiv, ja;

o *Gelb-Rot:* Vorsicht, Gefahr, auf der Hut sein;

o *Gelb-Grün:* prinzipiell positiv, es ist allerdings Aufmerksamkeit gefordert, irgendetwas ist noch nicht klar.

ÜBUNG 34: Basteln und Imaginieren der Intuitionsampel

Nehmen Sie ein Blatt Papier. Zeichnen Sie drei Kreise untereinander. Malen Sie diese in den Farben Rot, Gelb, Grün aus beziehungsweise kleben Sie Plakatkartonscheiben in den entsprechenden Farben dort hinein. Imaginieren Sie die Intuitionsampel immer wieder, bis Sie diese mit geschlossenen Augen sehen können.

ÜBUNG 35: Prüfen der Intuitionsampel

Stellen Sie eine Behauptung auf, die offensichtlich falsch ist, zum Beispiel: „Ich lebe in Afrika." Schauen Sie, wie die Intuitionsampel darauf reagiert. Wenn Sie die Farbe Rot nicht sehen, sollte Ihnen zumindest Ihr Empfinden ein Stopp-Gefühl signalisieren. Dann stellen Sie eine Behauptung auf, die offensichtlich richtig ist, zum Beispiel indem Sie sagen: „Ich wohne in ... [richtige Adresse]." Erleben Sie, wie die Ampel nun grün aufleuchtet und Ihnen sozusagen freie Fahrt signalisiert.

ÜBUNG 36: Die Intuitionsampel befragen

Denken Sie an einen Lebensbereich, zum Beispiel Beziehung, Beruf, Gesundheit und stellen Sie eine Frage, die sich mit Ja oder Nein beantworten lässt. Achten Sie darauf, welche Farbe aufleuchtet.

Wer visuell begabt ist, sieht die Farbe einfach. Wer auditiv ist, übersetzt die jeweilige Farbe in ein Geräusch, an dem er die Farbe erkennt. Viele Menschen sind eher fühlend als visuell veranlagt. Die nachfolgende Übung soll farbfühligen Menschen helfen, die richtige Antwort zu entdecken.

ÜBUNG 37: Überprüfung der Intuitionsampel durch Farbfühligkeit

Denken Sie an eine Alternativfrage. Sagen Sie sich dann: „Wenn ich fühlen könnte, welche Farbe kommt, welche Farbe würde ich dann fühlen können?" Notieren Sie die Antwort. Farbfühlige Menschen haben die Aufgabe, auch im Alltag immer wieder farbfühlig zu sein. Der Vorteil der Intuitionsampel ist, dass sie sich, wenn man sie pflegt, auch dann meldet, wenn man gerade nicht daran denkt.

BEISPIEL: Man fährt Auto, die Intuitionsampel blinkt gelb, man bremst und entdeckt, dass hinter der Kurve ein Stau ist.

ÜBUNG 38: Anwendung im Alltag

Seien Sie immer wieder auch im Alltag in Kontakt mit Ihrer Intuitionsampel.

Energie wahrnehmen –
Energie fühlen

Energien von Gegenständen fühlen

Wenn es Ihnen gelingt zu „fühlen ohne zu denken", können Sie auch die Energien von Gegenständen fühlen. Am leichtesten gelingt dies, wenn Sie die Gegenstände in die Hand nehmen. Es ist sinnvoll, die nachfolgende Übung mit geschlossenen Augen zu machen beziehungsweise nicht auf den Inhalt dessen zu schauen, was Sie erspüren.

ÜBUNG 39: Weinflaschen fühlen

Fassen Sie verschiedene Flaschen *Rotwein* an und fühlen Sie, wie die einzelnen Weinsorten schmecken.

ÜBUNG 40: Bücher fühlen

Nehmen Sie verschiedene *Bücher* in die Hände. Legen Sie jedes einzelne Buch zwischen Ihre Hände. Fühlen Sie bei jedem Buch den Inhalt. Vielleicht werden Sie nicht Details erfühlen können, aber beispielsweise ob das Buch feingeistig, prosaisch oder temperamentvoll geschrieben ist. Sie werden die unterschiedlichen Energien wahrnehmen.

ÜBUNG 41: Medikamente fühlen

Berühren Sie verschiedene *Medikamente*, homöopathische Mittel und Bachblüten. Welche möchten in Ihrer Hand bleiben (= gut für Sie), welche nicht? Wie sind die Unterschiede?

Menschen fühlen

Ein Händedruck wird in den verschiedensten Formen gegeben. Da gibt es den „Bäumchen schüttele dich"-Händedruck, den schlaffen, leblosen Händedruck, den „Schraubstock", den priesterlichen Händedruck (man umfasst die Hand des anderen mit beiden Händen), die Aufforderung zum Handkuss (nur die Handspitzen werden hingehalten), den reibenden Händedruck, den schnellen Händedruck, den warmherzigen Händedruck ...

Übung 42: Einen Händedruck fühlen

Schließen Sie die Augen und nehmen Sie den Händedruck eines Menschen und dann den eines anderen wahr. Beschreiben Sie den einen und den anderen Händedruck und wie Sie diesen jeweils erleben. Erfassen Sie den Händedruck energetisch. Welche Botschaft wird durch die Art des Händedrucks vermittelt?

Übung 43: Annäherung fühlen

Machen Sie diese Übung gemeinsam mit einem Freund oder Partner. Der andere setzt oder stellt sich mitten in einen Raum und schließt die Augen. Sie selbst nähern sich dem anderen, ohne ihn zu berühren. Der andere nimmt mit geschlossenen Augen wahr, ob Sie sich von vorn, hinten, rechts oder links nähern. Variante: Verändern Sie die Entfernung und der andere teilt mit, ob Sie näher kommen oder weggehen.

ÜBUNG 44: Annäherung in Gruppen fühlen

Führen Sie die oben aufgeführte Übung in einer Gruppe durch. Der Partner mit den geschlossenen Augen weiß nicht, wer auf ihn zukommt, ob Mann oder Frau, welchen Namen oder welches Alter die Person hat. Er beschreibt, welche Art von Energie er spürt, die sich nähert und ob es sich um eine Frau oder einen Mann handelt.

Kontaktaufnahme über die Namensschwingung

Der Name einer Sache oder eines Menschen ist der Türöffner zu dieser Sache oder dem Menschen selbst, genauer gesagt zu dem Wesenhaften darin. Alles, was Sie brauchen, um Zugang zu erhalten, ist der Name und die Gabe, „zu fühlen ohne zu denken". Aus diesem Grund wurden viele Namen früher geheim gehalten. Beispielsweise nannte sich Djwal Khul, der durch Alice A. Bailey gechannelt wurde, lange Zeit einfach nur „der Tibeter", damit kein Widersacher über den wahren Namen mit ihm in Kontakt treten und seine Gedanken lesen konnte. Indem Sie den Namen einer Sache oder eines Menschen aussprechen, flüstern oder denken, offenbart sich Ihnen die Wahrheit. Der Name kann sich beziehen auf:

o   einen ganz bestimmten Menschen;
o   ein Arzneimittel, eine Bachblüte oder ein homöopathisches Präparat;
o   einen ganz bestimmten Ort;
o   anderes.

Übung 45: Den Namen sprechen

Seien Sie neutral und gehen Sie in Ihren inneren Raum. Vergegenwärtigen Sie sich ein Thema oder einen Menschen. Flüstern Sie den betreffenden Namen immer wieder. Fühlen Sie, was in Ihnen aufsteigt.

Auf diese Weise können Sie auch die Stimmigkeit fühlen, beispielsweise:

Mittelprüfung: Welche Potenz eines homöopathischen Präparates passt zu mir/meinem Klienten? Dafür denken beziehungsweise flüstern Sie erst den Namen des Präparates und dann die Potenzen, bis Sie ein Gefühl von Stimmigkeit bekommen.

Beziehungs-Wahrnehmung: Wie passt ein anderer Mensch zu mir/meinem Klienten, beispielsweise ein Geschäftspartner, Lebenspartner, Nachbar, Mitbewohner. Dafür gehen Sie in die *Energie* dieser Person (am besten vorher um Erlaubnis fragen) und flüstern beziehungsweise denken dann den Namen des anderen Menschen. Fühlen Sie, was Sie fühlen. Wenn Sie möchten, denken Sie nun Jahreszahlen und Sie werden fühlen, wie sich die Beziehung im Laufe der Jahre entwickelt. Natürlich ist alles veränderbar, aber die aktuelle Tendenz werden Sie wahrnehmen können.

Zeit und Raum überschreiten: Natürlich können Sie auf diesem Weg auch in andere Zeiten und an andere Orte reisen, ganz einfach indem Sie daran denken. Die Energie folgt der Aufmerksamkeit. Hierfür braucht es allerdings Übung und Erfahrung. Solche Reisen sollten idealerweise unter fachkundiger Anleitung durchgeführt werden.

Besonders interessant wird die Kontaktaufnahme über die Namensschwingung, wenn Sie die „Wahrheit hinter dem Schein" bezüglich eines Menschen, einer Sache oder eines Umstandes erfahren möchten. Je wahrhaftiger, vorurteilsfreier, offener und toleranter gegenüber Andersartigem Sie sind, umso mehr werden Sie erkennen können.

In diesem Kapitel haben wir erkannt, dass wir über den Namen einer Sache mit allem Kontakt aufnehmen können. Wir können *alles* wissen, die Grenzen dafür liegen lediglich in uns selbst. Im Laufe der Zeit werden Sie sich spezialisieren. Dort, wo Sie geübt sind, werden Sie leicht und schnell in Kontakt kommen, in anderen Bereichen werden Sie die aktuellen Grenzen akzeptieren müssen.

NOCH EIN WICHTIGER TIPP ZUM THEMA „VERSCHWIEGENHEIT":
Wenn Sie von starken Bewusstseinsöffnungen berührt werden, seien Sie achtsam, wem Sie davon erzählen und ob Sie darüber überhaupt sprechen wollen. Der Unglaube und manchmal sogar der Spott unwissender Menschen können Ihnen gerade am Anfang die Schönheit Ihrer Erfahrung verderben und dazu beitragen, dass sich Ihr unbewusstes Wissen zurückzieht und Sie das nächste Mal nichts mehr wahrnehmen können. Erweiterte Wahrnehmung ist eine Pflanze, die behutsam gepflegt werden möchte. Sie ist nicht dazu gedacht, ans grelle Licht vor Zweifler und Spötter gezerrt zu werden und insbesondere auch nicht als Zirkusdemonstration bestimmt. Nicht umsonst heißt es:

> *„Die, die wissen, reden nicht –*
> *die, die reden, wissen nicht!"*

Zettel fühlen

Unser Herz ist nicht nur ein Muskel, sondern auch ein empfindendes Organ mit einer eigenen Intelligenz. Sie können mit dem Herzen fühlen, ob eine Entscheidung für Sie gut ist oder nicht. Sogar wenn Sie nur den Namen der Entscheidung auf einen Zettel schreiben, ist Ihr Herz in der Lage, diese wahrzunehmen und Ihnen ein Feedback zu geben. Die nachfolgende Übung lautet: „Zettel fühlen":

o   Nehmen Sie ein Thema ins Bewusstsein, das Sie momentan interessiert. Dies kann Ihre Beziehung betreffen, Ihren Beruf, Ihre Gesundheit oder auch einen anderen Bereich. Vielleicht beginnen Sie mit kleinen Fragen wie zum Beispiel „Wo soll ich am Wochenende hinfahren?" oder „Welchen Film sollte ich mir anschauen?"

o   Überlegen Sie, welche verschiedenen Antworten es gibt und notieren Sie diese auf verschiedene Karten oder Zettel. Nehmen wir einmal an, es geht um die Optimierung Ihrer Beziehung. In dem Fall könnten Sie auf Ihren Zetteln notieren: „ein offenes Gespräch führen", „am Wochenende verreisen", „gemeinsam meditieren", „sich über die Bedürfnisse austauschen", „unserer Beziehung einen weiteren Rahmen geben", „sich mehr engagieren".

o   Mischen Sie die Karten oder Zettel mit der Aufschrift nach unten, sodass Sie nicht mehr wissen, was auf welchem Zettel/welcher Karte steht.

o Beobachten Sie Ihren Atem und lassen Sie los. Treiben Sie den Atem weder voran, noch unterdrücken Sie ihn. Lassen Sie alle Ideen und intellektuellen Überlegungen los, spüren Sie, wie der Kopf klar und das Gemüt still wird.

o Nehmen Sie Ihren gegenwärtigen Energiezustand wahr.

o Fühlen Sie in Ihr Herz hinein, lächeln Sie in Ihr Herz hinein, öffnen Sie Ihr Herz.

o In Kontakt mit Ihrem Herzen nehmen Sie mit geschlossenen Augen den ersten Zettel und legen diesen auf Ihr Herz. Spüren Sie, wie sich durch die Energie dessen, was auf dem Zettel steht, Ihr Energiezustand positiv oder negativ verändert. Ist da eher ein dumpfes, unangenehmes Gefühl oder eher eine helle, freundliche Wahrnehmung?

Beim Zettel-Fühlen geht es darum, „zu fühlen ohne zu denken". Gerade wenn Sie beginnen, sollten Sie Ihre Wahrnehmung immer wieder überprüfen beziehungsweise zur Seite stellen und wirken lassen.

Es kann sein, dass Sie sich anfangs Ihrer Wahrnehmung noch nicht sicher sind, doch im Laufe des Übens werden Sie Wahrheit von Einbildung unterscheiden lernen. Sicherlich ist es wichtig, sich darin zu üben, unvoreingenommen zu sein und in den Körper hineinzufühlen. Indem Sie immer wieder die Stimmigkeit oder auch Unstimmigkeit Ihres Zettel-Fühlens überprüfen, werden Sie immer stärkere Indizien für Stimmigkeit entwickeln.

Machen Sie die nachfolgende Übung am besten in zwei Durchgängen.

ÜBUNG 46: Zettel fühlen mit geschlossenen Augen

Nehmen Sie die Alternativen auf den Zetteln wahr, ohne zu wissen, was auf den einzelnen Zetteln steht.

ÜBUNG 47: Zettel fühlen mit offenen Augen

Hier lesen Sie vorher, was auf dem Zettel steht und fühlen dann. Auch bei dieser Übung ist es wichtig, unvoreingenommen hinzufühlen unabhängig davon, welche Bewertung Ihr Verstand über die eine oder andere Alternative haben mag. Sie können sich ja hinterher trotz des Hinfühlens noch für das Verstandesargument entscheiden, aber Sie sollten das Hinspüren unabhängig davon machen. Wenn Sie also beispielsweise prüfen, ob ein klärendes Gespräch für Sie der richtige Weg ist, um Ihre Beziehung zu optimieren, dann fühlen Sie diese Alternative mit dem Herzen, ohne sich durch eine mögliche Angst vor einem Gespräch von dem Hinfühlen abhalten zu lassen.

Wenn Sie mit offenen wie mit geschlossenen Augen zum gleichen Ergebnis kommen, dürfte Ihr Hinfühlen ziemlich stimmig sein. Im Laufe der Zeit werden Sie das Zettel-Fühlen immer mehr zu schätzen wissen, denn es gibt bei jeder Verstandesentscheidung Unwägbarkeiten, die Ihr Verstand nicht kennt, sehr wohl aber Ihre Intuition.

ÜBUNG 48: Drittes Auge

Legen Sie die einzelnen Zettel auf die Stirn und fühlen Sie mit dem „inneren Auge", welche Alternative gut für Sie ist.

ÜBUNG 49: Mit den Händen fühlen

Fahren Sie mit den Händen über die Zettel, die Sie verdeckt auf einem Tisch ausgebreitet haben, und erspüren Sie, welcher sich gut anfühlt. Stellen Sie sich dabei vor, dass sich in Ihren Händen Sensoren befinden, die das Richtige wahrnehmen können.

ÜBUNG 50: Papierschnitzel fühlen

Knüllen Sie die beschriebenen Zettel zusammen. Anschließend verfahren Sie wie bei der vorangegangenen Übung.

Sensitives Wahrnehmen von Energieveränderungen

Wenn Sie Ihre eigene Befindlichkeit gut wahrnehmen können, bietet Ihnen die nachfolgende Technik eine gute Entscheidungshilfe.

ÜBUNG 51: Die eigene Energie wahrnehmen

o Nehmen Sie Ihren momentanen Energiezustand wahr.

o Beschreiben Sie diesen mit drei Worten (zum Beispiel: „harmonisch, strömend, energievoll"). Wichtig ist es, objektiv wahrzunehmen, unabhängig davon, ob der Zustand, in dem Sie sich befinden, von Ihnen als positiv oder negativ empfunden wird. Nur falls Sie wahrnehmen, dass Sie derzeit nicht testfähig sind, da Ihnen die innere Mitte fehlt, sollten Sie vor dieser Wahrnehmung eine Zentrierungsübung machen.

o Eichen Sie sich selbst. Denken Sie dazu an eine stimmige Aussage. Erspüren Sie, wie Sie sich fühlen, wenn Sie mit einer stimmigen Aussage in Kontakt kommen, wie Ihr Organismus „Ja" sagt. Sagen Sie beispielsweise: „Ich heiße ... [Name]!" Vielleicht fühlen Sie, wie sich Ihr Organismus öffnet, und erleben ein tiefes, befreiendes Durchatmen. Dann denken Sie an eine unstimmige Aussage, zum Beispiel: „Ich lebe heute im 19. Jahrhundert!" Spüren Sie, wie Ihr Organismus auf diesen Gedanken antwortet. Ihre Reaktion könnte ein Hochziehen der

Stirn oder auch der Impuls „Ich verschließe mich."
sein. Probieren Sie noch einige falsche und richtige
Aussagen, um ein noch stärkeres Gefühl für sich
selbst zu bekommen.

o Formulieren Sie das, was Sie testen wollen, beispielsweise: „Meine Beziehung ist hilfreich und kons -
truktiv für uns beide!" Lassen Sie diese Information
lediglich als „Energie" wirken und erspüren Sie die
Wirkung der Behauptung auf Ihren Organismus.
Also nicht denken, sondern hinfühlen.

o Es kann sein, dass Sie sofort eine Antwort bekommen, es kann aber auch sein, dass Ihr Energiesys-
tem auf die Frage nicht direkt antwortet. In dem
Fall ist es möglich, dass Sie die Frage falsch gestellt
haben. Dann formulieren Sie neu. Probieren Sie es
beispielsweise mit der Aussage: „Diese Beziehung
ist für uns beide kostbar!" Wenn die Frage oder
Aussage richtig formuliert ist, werden Sie in der
Regel sofort die Antwort fühlen können. Vielleicht
spüren Sie, wie Ihr Bewusstsein auf diese Energie
mit einem tiefen Durchatmen antwortet, was „Ja"
bedeutet.

o Machen Sie die Gegenprobe, indem Sie nun das Gegenteil behaupten. Denken Sie beispielsweise:
„Diese Beziehung hat keinen Wert!" – Wenn dann
bei Ihnen alles „zumacht", es sich „schräg anfühlt",
wissen Sie, dass diese Aussage falsch ist.

Nutzen Sie jede Chance, Energieveränderungen im Alltag bewusst wahrzunehmen. Je öfter Sie üben, umso

mehr werden Sie erleben, dass Ihre Energie sich im Alltag als Antwort auf Begegnungen oder Gesprächsthemen verändert. Sie werden mittels Energiefühligkeit sogar in der Lage sein, zu spüren, wann der andere lügt und ob die Vorschläge eines anderen Ihnen gut tun werden.

Nehmen Sie darum auch im Alltag ganz bewusst Ihre Energieveränderungen als Reaktion auf Situationen, Menschen, Aussagen, Orte und Gedanken wahr.

Im Coaching-Prozess lässt sich diese Technik so einsetzen, dass Sie den Klienten erzählen lassen und beim Zuhören darauf achten, welche inneren Sensoren Stimmigkeit/Unstimmigkeit signalisieren. Dadurch kommen Sie gemeinsam auf eine gute Fährte!

ÜBUNG 52: Die Energie des Partners wahrnehmen

Setzen Sie sich mit einem Partner zusammen. Einer von Ihnen erzählt etwas aus seinem Leben und der andere fühlt, wie sich sein Organismus verändert, während er diese Geschichte hört.

Umfassendere Wahrnehmung – das Höhere Selbst

Einfach tun – Das Wie ergibt sich von selbst

In die Wahrnehmung zu gehen ist relativ einfach, auch wenn die Perfektionierung der Wahrnehmung natürlich Übung braucht. Lassen Sie hierbei alle Vorstellungen los, wie Sie in die Wahrnehmung gehen sollten, denn das Wissen über das „Wie" wäre das Hindernis. Tun Sie es einfach. Das nachfolgende Beispiel soll den Unterschied zwischen *versuchen* und *tun* aufzeigen.

BEISPIEL: *Versuchen* Sie einmal, den Arm über den Kopf zu heben. Wenn Sie diese Aufforderung wörtlich nehmen, erkennen Sie, dass dem „Versuchen" Krampf und Anspannung innewohnen. Und dann heben Sie einfach den Arm über den Kopf – so einfach ist es.
Eine nette Geschichte soll dies verdeutlichen:

Eine Schnecke ärgerte sich einmal darüber, dass der Tausendfüßler schneller laufen konnte als sie. Und als geschickte Psychologin beschloss die Schnecke, ihm eine Falle zu stellen.
Sie fragte ihn: „Oh du wunderbarer Tausendfüßler,

ich bewundere deine Schnelligkeit, aber bitte sage mir eines: Wie schaffst du es, den 925. Fuß vor den 926. Fuß zu setzen, bevor du mit dem 927. Fuß weitermachst?" Der Tausendfüßler dachte über diese Frage nach und war darüber so verwirrt, dass er es nicht mehr schaffte, den 925. vor den 926. Fuß zu setzen, und die Schnecke hatte ihr Ziel erreicht.

Jeder hat letztendlich seine eigene Methode, um „in die Wahrnehmung zu gehen". Tun Sie es einfach und hören Sie nicht auf die Stimmen Ihres eigenen Verstandes oder die anderer Menschen, die behaupten, dass dies gar nicht gehe, und die Ihren inneren Antworten misstrauen. Auch wenn es sich anfangs noch ein wenig holprig anfühlt, tun Sie es einfach!

Mental vorauserleben, wie Ihre Intuition diesmal funktioniert

Mentales Vorauserleben öffnet Ihr Bewusstsein für neue Optionen, die vorher nicht aktiv waren. Sie können das mentale Vorauserleben auch nutzen, um sich vorzustellen, dass Sie über eine erweiterte Wahrnehmung verfügen. Nehmen wir einmal an, Sie könnten Ihre erweiterte Wahrnehmung nutzen, wie wäre das für Sie? Sehen Sie sich an Ihrem Arbeitsplatz, auf der Straße, im Kontakt mit anderen und wie Sie dabei Ihre erweiterte Wahrnehmung einsetzen.

Dann imaginieren Sie einen ganz konkreten Fall, in dem Sie Ihre erweiterte Wahrnehmung nutzen und bei dem dies wunderbar funktioniert. So wie ein Tennisspieler sich immer wieder seinen Aufschlag und sein Spiel vorstellt, so können Sie sich auch optimal auf Ihre erweiterte Wahrnehmung einstimmen.

ÜBUNG 53: Fit in Form durch mentales Vorauserleben

Stellen Sie sich vor, dass Sie demnächst einmal wieder eine Entscheidung aus der erweiterten Wahrnehmung heraus treffen. Erleben Sie in Gedanken, wie präzise und stimmig Ihre Wahrnehmung ist und wie schön es ist, ihr zu vertrauen und dieses Werkzeug weise, gewissenhaft und bewusst zu handhaben. Nehmen Sie auch wahr, welcher Zugang zur erweiterten Wahrnehmung für Sie am leichtesten ist, wie zum Beispiel Hellsehen, Hellhören usw.

Durch das mentale Vorauserleben bringen Sie sich in eine *peak condition* (optimale Verfassung).

TIPP: Auch bevor Sie mit Entscheidungshilfen wie dem Körperpendel, der inneren Waage, der inneren Wegkreuzung oder inneren Symbolen arbeiten, ist es hilfreich, wenn Sie sich vorstellen, dass Sie dieses Instrument leicht, stimmig und souverän nutzen und es optimal funktioniert.

Erweiterte Wahrnehmung
mithilfe des Älteren Selbst

Das Ältere Selbst ist nur einer von vielen möglichen Archetypen, die Sie nutzen können, um über die Imagination mit Ihrer höheren Intelligenz in Kontakt zu kommen. Immer geht es darum, die Aufmerksamkeit auf eine wissendere Instanz zu richten, die Grenzen des Verstandes zu übersteigen und das umfassendere höhere Wissen anzuzapfen.

Die nachfolgenden Beispiele für Archetypen dieser Art zeigen, dass Ihrer Fantasie keine Grenzen gesetzt sind:

o das eigene Ältere Selbst, das heißt Sie selbst, aber um einige Jahre gereift;
o das eigene Höhere Selbst;
o das Höhere Selbst der Bezugsperson, mit der etwas zu klären ist;
o der alte Weise;
o der innere oder äußere Meister;
o der innere, kluge Zwilling;
o ein Krafttier;
o ein Orakel;
o eine Gottheit wie Apollo, die Sphinx oder ähnliche;
o eine Wahrsagerin im alten Griechenland, Ägypten ...

Gerade für den Anfänger kann das Ältere Selbst sehr hilfreich sein. Dies wirkt sehr handfest und praxisnah. Hierfür stellen Sie sich vor, Sie hätten die nächsten 10 oder 20 Jahre sehr bewusst und weise gelebt und würden mit dieser Lebenserfahrung ausgestattet jetzt auf Sie selbst treffen und Ihnen raten. Was wäre aus dieser Sicht wichtig und woran sollten Sie sich orientieren?

ÜBUNG 54: Zeichnen Sie Ihr eigenes Älteres/Höheres Selbst

Der Einfachheit halber können Sie ein Portraitfoto von sich nehmen und auf Pergamentpapier abpausen. Ergänzend malen Sie all die Weisheit und Liebe, die Sie dann erreicht haben werden, in das Gesicht hinein.

ÜBUNG 55: Schreiben Sie einen Brief an Ihr heutiges Selbst

Stellen Sie sich vor, Sie als Ihr weises Älteres Selbst schreiben Ihrem heutigen Selbst, was zu tun ist, worauf zu achten ist. Versetzen Sie sich hierfür in Ihr Älteres Selbst hinein. Hilfreich ist in dem Fall auch die Autosuggestion: „Ich bin ... [Name] im ... [Jahreszeit] des Jahres ... und ich bin jetzt ... Jahre alt."

ÜBUNG 56: Reise und Kontaktaufnahme zum eigenen Älteren Selbst

Nehmen wir einmal an, Sie würden in den nächsten Jahren so stimmig wie möglich Ihr Leben gestalten. Wie würde sich Ihr Älteres Selbst dann zeigen? Wo würden Sie dann leben und wie? Stellen Sie sich vor,

Sie packten die Koffer und reisten an den Platz, an dem Ihr Älteres Selbst dann lebt. Wenn Sie visuell begabt sind, werden Sie innerlich sehen, wie Sie dann gekleidet sein und aussehen werden. Wenn Sie eher fühlend sind, werden Sie spüren, wie sich Ihr Älteres Selbst anfühlt. Vielleicht hören Sie aber auch die Wortmelodie und den Klang der Worte Ihres Älteren Selbst in Gedanken. Die nachfolgende Übung eignet sich auch als geführte Meditation zusammen mit einem Partner (ein Partner führt, der andere visualisiert).

ÜBUNG 57: Innerer Dialog

o Machen Sie sich die Fragen bewusst, die Sie Ihrem Älteren Selbst stellen möchten.

o Visualisieren Sie Ihr Älteres Selbst.

o Nehmen Sie einen liebevollen Kontakt zwischen Ihnen wahr, fühlen Sie ihn.

o Stellen Sie Ihrem Älteren Selbst die Fragen, die Sie heute haben.

o Lassen Sie Ihr Älteres Selbst in Gedanken zurückschauen in die heutige Zeit.

o Bedanken Sie sich bei Ihrem Älteren Selbst für die liebevolle Unterstützung, vielleicht genießen Sie auch einige Zeit zusammen.

o Möglicherweise mögen Sie Ihrem Älteren Selbst auch etwas schenken oder sich von ihm etwas schenken lassen. Und dann, aber erst dann, wenn das Gespräch für Sie in Gedanken „rund" ist, kommen Sie wieder zurück ins Hier und Jetzt.

Die nachfolgende Übung unterstützt Sie darin, sich auf Ihr Älteres Selbst einzustimmen, indem Sie sich vorstellen, Sie seien Ihr Älteres Selbst, hätten die Stimme, das Aussehen, die Eigenschaften Ihres Älteren Selbst. Wenn Sie als Älteres Selbst antworten, gehen Sie vorher in die Stille und lauschen Sie der Stimme Ihres Älteren Selbst vielleicht so wie einer Stimme, die leise am anderen Ende der Telefonleitung spricht.

ÜBUNG 58: Innerer Dialog mithilfe von zwei Stühlen

Setzen Sie sich auf einen Stuhl und platzieren Sie einen zweiten Stuhl vor sich. Sehen Sie in Gedanken Ihr Älteres Selbst dort sitzen. Setzen Sie sich nun auf den anderen Stuhl und geben Sie sich die Suggestion: „Ich bin jetzt 1/10/20 Jahre älter und weiser und schaue auf mein Selbst von damals!" Was erleben Sie? Dann setzen Sie sich auf den anderen Stuhl, fühlen sich ein in Ihr heutiges Ich und formulieren die erste Frage. Wechseln Sie im Laufe des Dialogs die Stühle, sodass Sie abwechselnd Ihr Älteres und Ihr heutiges Selbst sind. Wenn Sie diese Übung zusammen mit einem Partner machen, können Sie sich auch vorstellen, Ihr Partner sei Ihr jetziges und Sie selbst seien Ihr Älteres Selbst.

ÜBUNG 59: Das Ältere Selbst in einer Plexiglasscheibe visualisieren

Halten Sie sich eine Plexiglasscheibe vor das Gesicht, sodass Ihr eigenes Gesicht gepiegelt dort erscheint. Betrachten Sie Ihr Bild liebevoll und imaginieren Sie, dass Sie dort Ihr Älteres Selbst sehen. Schließen Sie dann die Augen und fühlen Sie, was Ihr Älteres Selbst Ihnen zu sagen hat.

Mit dieser Methode erhalten Sie zahlreiche Detailinformationen. In der Praxis als Berater oder Coach kann es sinnvoll sein:

o entweder das *eigene* Ältere Selbst zu befragen, wie es mit dem Klienten/Patienten weiter verfahren würde

o oder den Klienten in Kontakt mit *seinem* Älteren Selbst zu bringen und ihn dadurch in der inneren Ausrichtung zu unterstützen.

Der Kontakt mit dem Älteren Selbst und die gemeinsame Besprechung der eigenen Lebensziele ist auch dort sinnvoll, wo wir Ziele erreichen, Sinnthemen lösen und/oder Ausrichtungen justieren wollen.

Das eigene Höhere Selbst befragen

Der Kontakt mit dem Höheren Selbst geht über die Kontaktaufnahme mit dem Älteren Selbst hinaus. Das Höhere Selbst ist der umfassendere Aspekt von Ihnen. Für die Kontaktaufnahme mit dem Höheren Selbst haben sich das Heilströmen sowie ein inneres Gebet um Stimmigkeit bewährt. Auch sollte die Vorstellung vom Höheren Selbst von negativen Glaubenssätzen befreit sein. Es geht hierbei in erster Linie um ein Sinnbild für die erweiterte Intelligenz, auf das wir uns einlassen können.

Am besten bitten Sie vor der Kontaktaufnahme darum, dass Sie genau die und nur die Bilder und Eindrücke erhalten werden, die für Sie hilfreich sind. Die Möglichkeiten der Arbeit mit dem Höheren Selbst liegen darin, dass wir uns für Möglichkeiten jenseits unserer Begrenzungen öffnen. Zudem kann das Höhere Selbst beim Loslassen unbrauchbarer Muster, Erinnerungen, Verhaftungen und Blockaden helfen.

Übung 60: Antworten wahrnehmen

Begeben Sie sich in den Pharaonensitz. Sie sitzen auf einem Stuhl, die Hände sind nach oben geöffnet wie Schalen und liegen auf den Knien oder auf dem Tisch. Dann denken oder sagen Sie: „Ich rufe mein Höheres Selbst!" Teilen Sie Ihrem Höheren Selbst mit, wo Sie in Ihrem Leben stehen – dies so ehrlich und authentisch wie möglich. Nehmen Sie eine Antwort wahr als Bild, Klang oder in anderer Form?

ANWENDUNGSBEISPIEL (BEZIEHUNGEN):

Das Höhere Selbst hilft Ihnen bei jeder Form von Beziehungsproblemen (mit dem Partner, Nachbarn, Kollegen, Freunden etc.). In diesem Fall bitten Sie auch das Höhere Selbst des anderen, Ihnen zu helfen. Dadurch ist sichergestellt, dass Sie sich nicht in Egokämpfen versteifen. Der Kontakt mit dem Höheren Selbst des anderen hilft Ihnen aus Ihren eigenen Verstrickungen hinaus wie auch aus denen des Partners.

Heilströmen

Die Vorstufe/einfachste Möglichkeit der Kontaktaufnahme mit dem Höheren Selbst ist das „Heilströmen".
Da es sich um einen reinen Energietransfer handelt,
ist ausgeschlossen, dass der Verstand sich mit seinen
Konzepten einmischt und die Wahrnehmung verfälscht. Dies ist gerade am Anfang des Übens wertvoll.

Übung 61: Den Heilstrom fließen lassen

Begeben Sie sich in den Pharaonensitz. Die nach oben
geöffneten Hände liegen auf den Knien oder dem Tisch.
Dann sprechen Sie laut oder in Gedanken: „Ich bitte
den Heilstrom zu fließen!" Spüren Sie, wie ein heilender
Strom Ihren ganzen Körper durchfließt. Dann bitten
Sie (laut oder in Gedanken) um Heilung oder Klärung

Sie können das Heilströmen auch verwenden, um
einen Menschen oder eine Situation zu segnen. Alles,
was Sie ehrlichen Herzens segnen, wird Ihnen zum
Segen und ist dadurch gesegnet. In dem Fall sagen Sie:
„Ich bitte um Segen für ..." beziehungsweise „Ich
segne ..." – spüren Sie, wie der Segen beziehungsweise
die Heilung sich vollzieht.

Sogar Menschen oder Umstände, die Ihnen bisher
Schwierigkeiten bereitet haben, müssen Ihnen zum
Vorteil werden, wenn sie diese *ehrlichen Herzens* segnen, also nicht aus Eigennutz. Das heißt: Ein Ego
kann nicht segnen, es kann zwar segensreiche Worte
sagen, aber dies ist nicht Segnen.

In der Praxis können Sie dem Klienten zeigen, wie er für sich selbst und andere das Heilströmen einsetzen kann. Auch ist es möglich, gemeinsam mit dem Klienten über das Heilströmen die Selbstheilungskräfte zu aktivieren.

Wenn die Intuition geschult ist, können Sie die Selbstheilungs-Sätze intuitiv sprechen und erleben, wie Ihr innerer Kanal sich öffnet und die richtigen Sätze aus Ihrer Intuition gebildet werden.

Beim Segnen werden Sie sehr klar und deutlich fühlen können, wo der Segen erwünscht ist (angenommen wird) und wo nicht. Dort, wo der Segen nicht erwünscht ist, ist es sinnvoll, dies zu respektieren und niemanden „zwangsweise zu beglücken". Dort, wo der Segen angenommen wird, spüren Sie, dass der Heilstrom anschwillt, eine ganze Zeit lang bleibt, bis er irgendwann gesättigt ist und leicht abschwillt. Vermeiden Sie beim Heilströmen jede Form von Eigenwilligkeit, dienen Sie als Werkzeug von dem, was sich von selbst ergibt.[10]

Gebet und schöpferisches Bewusstsein

Erweiterte Wahrnehmung ist keine Einbahnstraße. In Kontakt mit der höheren Intelligenz können wir ihr auch mitteilen, wie es uns geht und was wir brauchen. Christliche Mystiker nannten diesen Vorgang: „Zwiesprache mit Gott", Bärbel Mohr nennt es modern: „Bestellung beim Universum!"

Möglicherweise ist es hilfreich, die eigenen Bedürfnisse und die eigenen Herzensangelegenheiten der umfassenderen Intelligenz zu übergeben und um eine gute Lösung zu bitten. Wenn sich Ihr Anliegen verwirklicht hat, spüren Sie dieses in einer Erleichterung, einem Aufatmen. Sie spüren, dass Ihr Anliegen von den umfassenderen Kräften angenommen wurde.

Vielleicht ist es für Sie stimmig, das Gebet/die Bitte durch eine Gebetsformel einzuleiten wie zum Beispiel das Ave Maria, das Vaterunser oder durch eine Anrufungsformel aus einer Tradition oder Religion, die Ihnen nahesteht.

Bei Menschen, die sich schwertun, in Kontakt mit den umfassenderen (höheren) Energien zu kommen, steckt oftmals eine versteckte Scham dahinter, die in letzter Konsequenz in einer „Scham vor Gott" wurzelt. Wem der Begriff „Gott" an dieser Stelle nicht passt, der kann stattdessen auch „*Eine* Kraft", „höhere Energien" oder auch „Urlicht" einsetzen.

Es kann sein, dass man sich angesichts der Erhabenheit und Vollkommenheit höherer Kräfte seiner Fehler und Unzulänglichkeiten schämt und nicht weiß, wie man sich dazu positionieren soll. Gerade bei Menschen, die lauthals gegen die *Eine* Kraft wettern beziehungsweise behaupten, dass es keine höheren Kräfte gäbe, spüren wir oftmals hinter ihrem Urteil eine stark verdrängte Sehnsucht nach spirituellen, geistigen oder religiösen Erfahrungen.

In buddhistischen Traditionen glaubt man nicht an einen personifizierten Gott, sondern an die Begegnung mit dem „Urlicht" (auch „Klares Licht" genannt), dessen Strahlkraft viele Menschen in der Todesstunde scheuen. Die Angst vor der Begegnung mit der Kraft des Urlichtes in buddhistischen Traditionen ist mit der Scham des westlichen Menschen vor Gott/der *Einen* Kraft vergleichbar. Da Licht Träger von Information ist, hängt Hellsehen möglicherweise nicht nur sprachlich mit der Hinwendung zum Licht zusammen. Diese Hinwendung scheuen oder blockieren wir jedoch oftmals unbewusst, wenn wir uns als dessen unwürdig empfinden. Wir leugnen die höhere Intelligenz nur so lange, bis wir innerlich bereit sind, ihr zu begegnen.

Die Crux ist, dass genau diese Scham den Kontakt zu den höheren, hellseherischen Kräften verhindert. Damit wird einem die Chance, aus dem Dilemma des „gefangenen Geistes" herauszukommen, genommen. Bei Menschen, die davon betroffen sind, hilft die folgende Versöhnungsformel: „Obwohl ich mich angesichts der höheren Kräfte als unzulänglich empfinde/schäme, akzeptiere ich mich voll und ganz!" (Gegebenenfalls klopfen nach der Methode EFT, wie sie in diesem Buch dargestellt wurde).

Es ist der *Einen* Kraft, dem strahlenden Licht, fremd zu urteilen. Wir selbst sind es, die das Urteil überwinden beziehungsweise loslassen müssen, damit wir wieder „das Helle sehen" und uns dem strahlenden Urlicht und den höheren Kräften öffnen können.

Erweiterte Wahrnehmung in Verbindung mit der „Wunderfrage"

Die „Wunderfrage" kann Ihnen helfen, Ihre intuitiven Fähigkeiten zu erweitern. Die Idee der „Wunderfrage" stammt von dem genialen Psychologen de Shazer („Wege erfolgreicher Kurzzeittherapie"). De Shazer erlebte immer wieder, dass seine Klienten genau wussten, was sie *nicht* wollten, aber keine Ahnung von ihren eigentlichen Lebenszielen hatten. Daraufhin beschloss er, sie das Folgende zu fragen: „Stellen Sie sich vor, eines Nachts geschähe ein Wunder und Ihr Problem wäre gelöst:

o   Woran würden Sie merken, dass Ihr Problem gelöst ist?

o   Was hätte sich für Sie dadurch geändert?

o   Was wäre letztendlich das Wunder, das geschehen ist?"

BEISPIEL: Ein Klient antwortete auf die „Wunderfrage" das Folgende: „Meine Partnerin ist aufgeschlossen für mich und ich erlebe, wie wir beide in unserer Kraft sind!" Die „Wunderfrage" brachte in diesem Fall schnell das entscheidende Ergebnis, denn der Klient war wegen einer nicht zufriedenstellenden Beziehung in die Praxis gekommen. Hilfreich könnte in diesem Fall die folgende Affirmation sein: „Ich bin bereit und in der Lage, zusammen mit meiner Partnerin in meiner Kraft zu sein!"

Natürlich können Sie die „Wunderfrage" auch auf

die erweiterte Wahrnehmung selbst richten. In diesem Fall kämen wir zu folgenden Formulierungen: „Stellen Sie sich vor, Sie wachten morgen früh auf und verfügten über eine erweiterte Wahrnehmung:

o Woran würden Sie merken, dass Sie über eine erweiterte Wahrnehmung verfügen?
o Was hätte sich für Sie dadurch geändert?
o Was wäre letztendlich das Wunder, das geschehen ist?"

ÜBUNG 62: Die „Wunderfrage" stellen

Gehen Sie in Kontakt mit Ihrem Höheren Selbst. Dann fragen Sie sich: „Nehmen wir einmal an, über Nacht würde ein ‚Wunder' geschehen – was wäre dieses ‚Wunder' und woran würde ich merken, dass es geschehen ist?"

TIPP: In der Beraterpraxis bietet sich immer wieder die Möglichkeit, den Patienten/Klienten nach seinem „Wunder" zu fragen. Dies kann im Gespräch oder aber auch nach Kontaktaufnahme mit dem Höheren Selbst erfolgen.

Höheres Selbst und Releasing

Das Thema dieses Kapitels ist sehr umfassend, sodass wir viele Aspekte an dieser Stelle nur kurz anschneiden können. Es behandelt eine Loslass-Methode, Releasing genannt, die sich in der Beraterpraxis anwenden lässt. Da das Releasing ein sehr kraftvolles Werkzeug ist, soll es nachfolgend in Kurzfassung dargestellt werden. Die professionelle Anwendung bedarf einer umfassenderen Ausbildung, wie sie weltweit von Releasing-Therapeuten angeboten wird.

Nachdem Sie gelernt haben, Ihr Höheres Selbst zu befragen, können Sie diesen Kontakt auch nutzen, um im Dialog Releasing anzuwenden, das heißt loszulassen, was Sie bisher belastet hat. Natürlich können Sie diese Übung auch zu zweit machen. Hierfür bedienen Sie sich am besten des nachfolgenden Verfahrens und sprechen vor der Übung ein Gebet beziehungsweise bitten Ihr Höheres Selbst um Mitarbeit. Am besten folgen Sie dabei der vorliegenden Struktur:

A. REFLEXION (AUFSCHREIBEN)

o Was in mir oder in meinem Leben möchte ich heilen, verändern oder lösen?

o Was (in Bezug auf dieses Thema) möchte ich in Zukunft nicht mehr erleben?

o Was möchte ich in Zukunft stattdessen erleben?

B. Meditation und Verfahren (Autosuggestion)

Zur Vereinfachung lassen Sie sich die nachfolgende Autosuggestion von einem Partner vorlesen oder sprechen Sie diese selbst auf Ihr MP3-Aufnahmegerät und hören Sie sie dann später an. Beim Releasing geht es nicht darum, „viele" Antworten zu finden, sondern darum, einem Sensor gleich die Antworten aufzuspüren, die am meisten „Ladung" haben. Dies ist vergleichbar mit dem Schlüsselsatz, der beim Familienstellen den Kern trifft. Dafür brauchen Sie Stille, die Bereitschaft, nach innen zu hören und geduldig zu warten, die innere Bitte um Wahrnehmung und die Sensitivität, das eigene Gefühl zu spüren. Die nachfolgende Meditation hilft Ihnen dabei:

„Ich sitze in der Empfangshaltung. Die Hände sind wie Schalen nach oben geöffnet, die Beine sind nebeneinander aufgestellt. Ich schließe meine Augen. Ich fülle meinen Körper mit Bewusstsein aus. Ich atme von Kopf bis Fuß. Ich spreche laut aus: ‚Ich bitte den Heilstrom zu fließen. Ich bitte das allumfassende/höchste Bewusstsein, mir bei der Bearbeitung des Themas zu helfen.' Ich gehe dabei in den ‚inneren Kanal'. Ich lese jede der nachfolgenden Fragen. Nach jeder Frage schließe ich die Augen und lasse die Frage auf mich wirken, bis die Antworten in mir aufsteigen. Diese spreche ich laut aus, als spräche ich mit einer Person. Wenn ich die Türe der Erinnerung [zum Beispiel an frühere Inkarnationen] aktivieren will, spreche ich aus: ‚Ich bitte das allumfassende Bewusstsein/Unterbewusstsein/Bewusstsein, dass es mir diese Zeit, die Bilder und Gefühle offenbart, die jetzt helfen!' Ich gehe mit meinem Bewusstsein in der Zeit zurück und warte auf das, was hochkommt.

Falls ich zu sehr abgelenkt bin, um mich den intuitiven Informationen zu öffnen, stelle ich mir nacheinander die Regenbogenfarben vor: Rot, Orange, Gelb, Grün, Blau, Lila, Violett.

Alternativ: Ich stelle mir einen Farbtunnel vor: Ich sehe mich selbst, wie ich in einen Farbtunnel hineingehe. Dieser Tunnel ist am Anfang getränkt mit rotem Licht; es durchtränkt mich mit rotem Licht. Wenn ich tiefer in den Tunnel hineingehe, verwandeln sich die Farben des Tunnels in Orange, Gelb, Grün, Blau, Lila, Violett.

Ich spüre die beruhigende Wirkung von Violett. Besonders hilfreich ist es, wenn ich die nachfolgenden Fragen nicht nur verbal beantworte, sondern auch die dazugehörigen Bilder und Energien sehe.

ANMERKUNG: Viele Anwender nehmen intuitiv Knoten oder Energieblockaden wahr und erleben, wie sich diese vor ihrem inneren Auge auflösen. In dem Fall ist es sinnvoll, so lange mit der Aufmerksamkeit auf dem Knoten oder der Blockade zu bleiben, bis sich diese (nach subjektiver Einschätzung) aufgelöst haben.

C. FRAGEN UND LOSLASS-ÜBUNG

o Welche meiner Glaubenssätze entsprechen dem unerwünschten Zustand?

o In welcher Situation meines Lebens habe ich diese Überzeugung gewonnen?

o Welche negativen Gefühle erlebe ich im Zusammenhang mit diesem Thema?

o In welcher Situation habe ich diese Gefühle bereits erlebt?

o Welche Entscheidungen habe ich damals getroffen, die mir heute im Weg stehen?

o Durch welche Verhaltensmuster habe ich das Problem bisher aufrechterhalten?

o Welche alten Wünsche tragen zum Problemzustand bei?

o Welche alten Ängste sind an dem Problem beteiligt?

o Welche sekundären Gewinne hat der Problemzustand bisher für mich gehabt?

o Welche Nachteile befürchte ich in Bezug auf die Lösung?

o Was will ich zu diesem Thema noch loslassen?

Bitten Sie das höchste Bewusstsein Ihnen bei jedem Punkt die stimmige(n) Antwort(en) zu geben! In der Regel handelt es sich um ein bis drei entscheidende Antworten, die aber nicht aus dem Verstand gegeben werden, sondern in Ihnen intuitiv aufsteigen. Notieren Sie jede Antwort beziehungsweise lassen Sie einen Partner die jeweilige Antwort notieren. Nach jeder Antwort sprechen Sie die Loslass-Formel: „ICH LASSE LOS ..." und sprechen danach aus, was Sie loslassen. Sprechen Sie jedes Wort im höchsten „ICH-BIN-Bewusstsein" langsam und bewusst aus. Vollziehen Sie es geistig. Geben Sie sich die Zeit, um in Ihrer Mitte/im inneren Kanal zu sein und von dort aus loszulassen. Erleben Sie mit jedem Loslass-Satz, wie das Loslassen wirkt. Spüren Sie jedem Satz nach, bis das Loslassen geistig vollzogen, das Muster losgelassen worden ist.

D. Neue Entscheidung

Ein wesentlicher Bestandteil der Neu-Organisation von seelischen Strukturen ist die Wahl beziehungsweise Entscheidung. Durch eine neue Wahl werden die neuronalen Schalter umgelegt, wie das bei einer Eisenbahnweiche geschieht.

Schließen Sie die Augen und schauen Sie, ob Sie neue Entscheidungen treffen möchten und wenn ja welche. Lassen Sie sich auch hierin durch Ihr Höheres Selbst unterstützen. Sprechen Sie die neuen Entscheidungen laut aus: „Ich bitte das allumfassende Bewusstsein um Unterstützung dafür ... [zum Beispiel Freude ...] in meinem Leben zu manifestieren. Ich danke ihm für die Führung in dem Prozess. Ich entscheide mich jetzt neu dazu ... Ich wähle ... [zum Beispiel meine eigenes Leben zu leben]".

Bitte beachten: Wenn Sie noch keine Erfahrung mit dem Releasing haben, sollten Sie zuerst einmal einige Sitzungen bei einem versierten Releasing-Therapeuten nehmen und mit ihm gemeinsam loslassen, was Sie bisher belastet hat.[11]

Ein wertvoller ergänzender Tipp stammt von der Kinsesiologin Sabine Müller aus Seefeld: Schreiben Sie Ihre neue Wahl auf ein Kärtchen. Stellen Sie dieses

Kärtchen vor den Badezimmerspiegel. Täglich nach dem Zähneputzen halten Sie mit der einen Hand Ihre Stirn, mit der anderen Hand Ihren Hinterkopf. Wiederholen Sie anschließend einige Male Ihre Wahl und sehen Sie sich dabei im Spiegel in die Augen. Nach spätestens 21 Tage ist das neue Programm in Ihrem Unterbewusstsein installiert.

Übung 63: Releasing mit einem Thema Ihrer Wahl

Führen Sie Releasing für ein Thema Ihrer Wahl durch, am besten mit einem erfahrenen Releasing-Experten.

Weitere Hilfen, um in einen erweiterten Bewusstseinszustand zu kommen

Aquabalancing, Watsu

Bergsteigen, das Bewusstsein erheben

Ikone, ein Andachtsbild betrachten, das die Intuition inspiriert

Klangschalen/Zimbel, den Klang hören und den Augenblick wahrnehmen, in dem der Klang in dem Nichtklang verschwindet

Körperliche Anspannung, zum Beispiel Walken oder Joggen und dann loslassen/entspannen

Mandala, Konzentration auf ein Bild, zum Beispiel eine Spirale, das Sri-Yantra, ein Mandala aus dem Buch „Sphären des Lichts" von Soham Holger Gerull oder Ähnliches

Mantra, mithilfe eines Wortes, zu dem man einen Bezug hat, einer Anrufung, wie zum Beispiel *Om Namah Shivaja, Gott ist Liebe, Soham* oder *Jesus* die Konzentration auf einen Klang üben. Dadurch wird der Zugang zu höheren Ebenen möglich. Um die sich ständig wiederholende „Schallplatte" des Verstandes zu stoppen, eignen sich auch das Rosenkranzgebet und das Ave Maria.

Meditationsstein, zum Beispiel ein Bergkristall. Mit ihm kann man imaginieren, dass sich das höchste Licht mit dem Kristall und mit dem eigenen Höheren Selbst verbindet; Kristallkugelschau

Meditative Musik kann sehr unterstützend wirken.

Ohropax, Ohren zustopfen, die innere Stille wahrnehmen

Räucherungen

Samadhi-Tank beziehungsweise sich in einen dunklen,
abgeschotteten Raum legen

Selbsterforschung, erkennen, wer ich wirklich bin

Sonnenaufgang, die Sonne als Symbol der inneren
Sonne wahrnehmen

Strand, die Weite des Meeres auf sich wirken lassen
als Weite des Bewusstseins

ÜBUNG 64: Klang wahrnehmen

Lauschen Sie dem Klang einer Klangschale/Zimbel,
wie er im Nichtklang verschwindet.

ÜBUNG 65: Zugänge zum erweiterten Bewusstseins-
zustand erkunden

Notieren Sie: Welche weitere Unterstützung kennen Sie
beziehungsweise können Sie sich vorstellen, um in
einen erweiterten Bewusstseinszustand zu kommen?

Die Zukunft „erinnern" – die Vergangenheit durchschauen

Sich jenseits der logischen Zeit bewegen

Erweiterte Wahrnehmung ist die Fähigkeit, sich jenseits des rationalen Denkens, des „Gefangenseins im bilateralen Gehirn" zu bewegen, das den Ort immer im dreidimensionalen Raum und die Zeit in Vergangenheit, Gegenwart und Zukunft organisiert. Hierfür ist es hilfreich zu erkennen, dass die Zeit ein Organisationsprinzip des menschlichen Denkens ist, keine absolute Realität. Auch die menschliche Logik, die das Wissen auf das durch den Körper manifest Erfahrene beschränkt, gehört zu den Begrenzungen des menschlichen Denkens. In Wahrheit gibt es nur die Unendlichkeit des im Jetzt ausgedehnten Augenblickes, das „Tor des Jetzt", durch das wir alles, was ist, wahrnehmen können. Würden wir Hopi-Indianer aus Nordamerika fragen, stießen wir mit unserer Auffassung der Abfolge von Zeit auf Unverständnis: „Vergangenheit" und „Zukunft" kommen in ihrer Sprache nicht vor. Erstaunt stellte der Hopi-Forscher Benjamin Lee Whorf fest: „Die Sprache der Hopi enthält keinen Verweis auf die Zeit, weder explizit noch implizit." Ganz ähnlich ein anderes Indianervolk: die Saultaux. Forscher, die dieses Volk besuchten, mussten zähneknirschend akzeptieren, dass es nicht möglich war, sich mit den Indianern zu verabreden. Diese sind der Ansicht, dass Treffen nicht stattfinden sollen, wenn eine bestimmte Zeit erreicht ist, sondern wenn die beteiligten Personen dafür bereit sind. Das Jetzt ist bei ihnen kein äußerlich festgelegter Zeitpunkt, sondern eine soziale Übereinkunft.

Doch auch im Westen gibt es Menschen, die ganz in den jetzigen Moment eintauchen. Manchen von ihnen gelingt es sogar, das Jetzt zu dehnen: Sie schaffen es, die Zeit stillstehen zu lassen. Tennisstar Jimmy Connors meint solche Zustände, wenn er beschreibt, dass er im Spiel eine „transzendente Zone" erreicht habe. Er sah dann den Ball riesig vor sich, der in Zeitlupe über das Netz schwebte. Er fühlte sich, als habe er alle Zeit der Welt, um zu entscheiden, wie er den Ball zurückschlagen sollte. In Wirklichkeit dauerten diese Momente natürlich nur Bruchteile von Sekunden. Auch Basketballspieler beschreiben unerklärliche Situationen, in denen alle um sie herum sich in Zeitlupe bewegen. Sie selbst fühlen sich dann, als würden sie zwischen Puppen hindurchdribbeln. Und auch die Meister asiatischer Kampfsportarten sind bekannt für ihre Fähigkeit, den Augenblick zu strecken. Sie erleben die Aktionen des Gegners in einer gedehnten Gegenwart, jede Einzelheit ist erkennbar, auf jede Bedrohung können sie in aller Ruhe reagieren. Selbst gewöhnliche Felskletterer kennen den „ewig dauernden Augenblick". „Man sagt, es sei nur ein Augenblick, und doch verliert man sich auf Grund totaler Beteiligung darin, und der Augenblick ist vom Wunder der Ewigkeit durchweht", erzählt einer von ihnen.[12]

Auch Menschen, die Trancedance betreiben, an einem Marathon teilnehmen oder feuerlaufen, beschreiben solche transzendenten Zustände. Doch wir müssen nicht Extremsport treiben, um die Illusionen des Verstandes zu überwinden. Es gibt einfache Übungen der Bewusstseinserweiterung, die uns in diese Richtung führen.

Trennung, Raum und Zeit sind eine Illusion

Wie kann die Ewigkeit in einem Augenblick stecken? Ist nicht der jetzige Augenblick sehr kurz? „Das Jetzt dauert 30 Millisekunden", behauptet der Münchner Hirnforscher Ernst Pöppel. Nach seinen Erkenntnissen ist unser ganzes Gehirn einem Dreißig-Millisekunden-Rhythmus unterworfen. Dreißig Millisekunden braucht es, um zwei optische Reize voneinander zu unterscheiden. Dreißig Millisekunden Abstand müssen auch zwei akustische Reize haben, ehe wir ihre Reihenfolge richtig erkennen können. Während eines Dreißig-Millisekunden-Intervalls gibt es kein Vorher oder Nachher: Es sind Phasen von Zeitlosigkeit. „Die Zeit fließt nicht, sie stößt sich voran", sagt Pöppel. Das Jetzt wird von unserem Gehirn aktiv konstruiert.

Einen ähnlichen Zukunftseffekt nutzt unser Bewusstsein übrigens, wenn wir Sprache hören. Oft genug erschließt sich der Sinn eines Wortes nämlich erst, wenn der Sprecher schon ein paar Wörter weiter ist. Dennoch meinen wir meist, das Gesprochene „jetzt" zu verstehen.[13] Auch das Hören von Sprache ist eine Art Hellhören, weil wir den Sinn bereits erahnen, bevor der andere den Satz vollendet hat.

„Befindet man sich in einer unangenehmen Situation, wird einem die Zeit immer lang: Es gibt mehr Ereignisse, als einem lieb ist. Andersherum ist es in Situationen extremer Lebensgefahr, wie zum Beispiel bei eingeschlossenen Bergleuten. Übereinstimmend berichten sie, dass ihnen die Zeit des Eingeschlossenseins viel kürzer vorkam als die wirklich abgelaufene Zeit: Der Eindruck der Zeitverkürzung ist so stark, dass diese eingeschlossenen Bergleute oft ihren eigenen Uhren nicht glauben. Die Zeit dient in der Physik nur zur Nummerierung der Ereignisse: Schön geordnet sitzen sie nebeneinander auf der Zeitachse. Das Jetzt ist allenfalls ein wandernder Punkt, der den Zeitstrahl entlangfährt und kennzeichnet, was gerade aktuell passiert."[14]

Und jeder dieser Punkte führt in die Ebene jenseits aller Zeit, aus der heraus Wahrnehmung möglich ist. Vielleicht hatte Albert Einstein dies im Sinn, als er sagte: „Der Unterschied zwischen Vergangenheit, Gegenwart und Zukunft ist eine Illusion, wenn auch eine hartnäckige." Auch Zen-Meister kommen zu ähnlichen Erkenntnissen. Sie berichten, wie sich im jetzigen Moment die Zeit auflöst. Zen-Meister Seppo formuliert diese Einsicht so: „Wenn du wissen willst, was Ewigkeit bedeutet – sie ist nichts weiter als eben dieser Moment. Wenn du sie nicht in diesem gegenwärtigen Moment erfassen kannst, wirst du sie nie erhaschen."

Schaut man sich unter diesem Blickwinkel das Jetzt an, so begreift man plötzlich: Das Jetzt ist das Einzige, was wirklich existiert. Hat man das erkannt, wundert man sich, wie man je etwas anderes hat glauben können. Die Zeit ist nur eine Einbildung. Der Grund dafür ist einfach: Es ist noch nie etwas in der Vergangenheit passiert, und es wird auch nie etwas in der Zukunft geschehen. Alle Dinge geschehen in der Gegenwart.

Auch die Dinge der Vergangenheit waren Gegenwart, als sie geschahen. Jetzt existiert nur noch eine Erinnerung an die vergangenen Ereignisse. Das Erinnern aber ist wieder ein Ereignis im Jetzt. Dass Zeit nicht existiert, meint auch Eckhart Tolle, Autor des Buches „Jetzt! Die Kraft der Gegenwart". Er schreibt: „Zeit ist überhaupt nicht kostbar, denn sie ist eine Illusion. Was dir so kostbar erscheint, ist nicht die Zeit, sondern der einzige Punkt, der außerhalb der Zeit liegt: das Jetzt. Es gibt sonst nichts. Die ewige Gegenwart ist der Raum, in dem sich dein ganzes Leben abspielt, die einzige Kraft, die beständig ist. Das Jetzt ist das Einzige, was dich über die Grenzen deines Verstandes tragen kann."[15]

Wir erkennen in dem Zusammenhang, wie essenziell wichtig es ist, im „Hier und Jetzt" zu leben. Hat man das verstanden – und zwar auf eine innere Weise verstanden, die über das Verstehen mit dem Geist weit hinausgeht –, beginnt das Leben sich grundlegend zu verändern. Man spürt die Kraft des Jetzt, und es beginnt eine Transformation. Im Jetzt lösen sich alle Probleme auf, das Leiden verschwindet. Man beginnt, das Geheimnis des Buddha zu erahnen: Nichts ist wirklich schlecht; schlecht wird es erst durch die eigenen Gedanken. Zum Beispiel fallen die Sorgen weg. Hat man wirklich begriffen, dass es keine Zukunft gibt, sondern nur Gedanken über die Zukunft, werden Sorgen zu dunklen Fantasiegebilden, über die man lachen kann. Sie verändern die Zukunft nicht, belasten aber die Gegenwart. Ein sorgenvoller Mensch verpasst die Schönheit des jetzigen Moments – und auch die Chancen, die in ihm liegen.

„Sorgen sind ein Missbrauch der Fantasie", sagt ein indisches Sprichwort. „Der Verstand hält an; du wirst vollkommen gegenwärtig im Jetzt, und eine unendlich viel größere Kraft übernimmt die Führung. Deshalb gibt es auch so viele Berichte von ganz normalen Leuten, die plötzlich unglaublich mutig handeln konnten. In einem Notfall überlebst du, oder du überlebst nicht. Wie auch immer, es ist kein Problem", schreibt Tolle.

Der christliche Mystiker Meister Eckhart (1260–1328) schrieb: „Zeit ist das, was das Licht von uns fernhält. Es gibt kein größeres Hindernis auf dem Weg zu Gott als die Zeit." Dasselbe erkannte der persische Sufi-Dichter Rumi (1207–1273): „Vergangenheit und Zukunft verbergen Gott vor unserer Sicht; verbrenne beide mit Feuer."[16]

Erweiterte Wahrnehmung bedeutet zu denken, wahrzunehmen und zu handeln jenseits von Illusionen und hat mit den herkömmlichen Denkvorgängen nichts mehr zu tun. Es überwindet die Logik des scheinbar folgerichtigen Denkens, das getrieben durch Gedankenverkettungen nie im Jetzt und damit auch nie in der unmittelbaren Wahrnehmung ist.

Wahrnehmung ist transpersonell und daher objektiv in dem Maße, in dem der Wahrnehmende objektiv ist, jenseits aller Zeit existiert und holistisch wahrnimmt. Sobald uns die Gedanken an und die Bindung an die Zeit sowie die scheinbare Logik des folgerichtigen Denkens nicht mehr dominieren, ergibt sich eine erweiterte Wahrnehmung. Der Verstand, bisher Herr, wird zu einem guten Diener, indem er die Wahrnehmung in eine Folgerichtigkeit übersetzt, welche aber der inneren Schau und nicht der Projektion (Vorstellungen, Wünsche, Hoffnungen, Abneigungen, Erwartungen usw.) entspricht.

Die eigene Zukunft
und Vergangenheit erinnern

Zeit ist in Wahrheit eine Illusion, ein Organisationsprinzip des Verstandes, damit wir die Erfahrungen, die
wir machen, hintereinander „abwickeln" können, ohne
sie gleichzeitig erleben zu müssen. Menschen mit Nah-
toderfahrung berichten, dass im Todesaugenblick die
Zeit zusammenbricht und alle Erfahrungen des Lebens
auf einmal beziehungsweise jenseits aller Zeit präsent
sind. Wenn wir erkennen, dass Zeit lediglich eine Di-
mension ist, das ICH BIN aber jenseits aller Zeit ist
können wir die eigene Zukunft wie die eigene Vergangenheit bereisen. Wir können uns dabei unser Bewusstsein wie einen Eisberg vorstellen. Dabei ist die
aus dem Wasser herausragende Spitze die Persönlichkeit, die wir der Welt zeigen, während das unter dem
Wasser liegende Eis unsere verdeckten Persönlich-
keitsaspekte darstellt. Das Wasser aber ist das Ge-
samtbewusstsein, das ICH BIN, durch das wir hin-
durchtauchen können zu jedem Zeitpunkt, an jeden
Ort.

Jetzt denken Sie einmal an eine Person, die Ihnen
momentan sehr wichtig ist, vielleicht Ihren Partner.
Stellen Sie sich auf diesen Menschen ein und fragen
Sie sich: „Was bedeutet dieser Mensch für mein zu-
künftiges Leben?" Und während Sie sich diese Frage
immer wieder stellen, ohne zu analysieren, spüren Sie
einfach, welche Eindrücke kommen.

Übung 66: Erinnerungen jenseits von Zeit und Raum

Stellen Sie sich einmal vor, Sie könnten sich über alle zeitlichen Begrenzungen hinaus erinnern. Und dann: Erinnern Sie sich einmal an die Zeit bevor Sie geboren wurden, vielleicht an die Zeit, in der Sie über Ihren zukünftigen Eltern schwebten und genau diese Eltern, genau diese Inkarnation gewählt haben:

o   Mit welchen Empfindungen haben Sie sich für diese Inkarnation entschieden, aus welchem Grundgefühl heraus?

o   Welche Aufgabe hatten Sie sich für diese Inkarnation vorgenommen?

o   Warum genau diese Eltern, dieser Inkarnationszeitpunkt, diese Umstände?

Selbstbeobachtung und Unterscheidungskraft

Wer bin ich wirklich?

Unser wahres Selbst braucht kein Hellsehen zu lernen, es weiß ständig alles über jede Situation. Die Herausforderung liegt darin, vom Ich zum Selbst zu kommen. Das Ich mit seinen Vorbehalten, Vorstellungen, Erwartungen kann nicht hellsehen, da es durch seine Vorstellungen begrenzt ist. Darum ist es so wichtig sich zu fragen, *als wer* man hellsieht.

ÜBUNG 67: Sich bewusst machen, wer/was man nicht ist

Machen Sie sich noch einmal bewusst, was Sie nicht sind und gehen Sie die einzelnen Aspekte durch, mit denen Sie sich bisher identifiziert haben. Dies bedeutet praktisch nachvollziehen, nicht nur denken. Sie erkennen bewusst: „Ich bin nicht meine Lebensumstände, nicht mein Auto, mein Einkommen, mein Ego, meine Beziehung, mein Verhalten ...!" Sie verdrängen diese Dinge nicht, werten Sie nicht ab, aber erkennen, dass Sie das nicht sind. All diese Dinge dürfen weiter in

Ihrem Leben bleiben, aber Ihre Identifikation damit gehört nicht zu Ihnen, betrifft nicht Ihr wahres Selbst. In Gedanken ziehen Sie alle diese Dinge aus, wie einen Overall. Damit erübrigen sich auch alle Bewertungen (gut, böse, gesund, krank, attraktiv, unattraktiv), die alle in den Bereich der Persönlichkeit gehören.

Erkennen Sie, wer Sie wirklich sind, unabhängig davon, welchen Namen Sie dem geben: „reines Sein", „die *Eine* Kraft", „ICH BIN", „alles was ist". Nur so ist Wahrnehmung möglich.

Wenn wir aus dem heraus leben, wer wir wirklich sind, macht auch Selbstablehnung keinen Sinn. Wo wir uns ablehnen, sind wir noch im Ego gefangen, wir schauen noch auf einen äußeren Schein. Das Gleiche gilt natürlich auch dort, wo wir einen anderen Menschen ablehnen. Wir meinen, wir/der andere müsste anders sein und verpassen es dadurch, in Kontakt mit dem „Wahren Selbst" des anderen zu sein, dem anderen und uns das Geschenk der völligen Selbstannahme zu machen. Das heißt nicht, dass Sie sich positiven Veränderungen widersetzen sollten. Aber ohne sich (und den anderen) grundsätzlich anzunehmen, kann der natürliche Fluss der Veränderung nicht in Gang kommen. Erkennen Sie:

o Jedes Problem ist nichts anderes als das Nichtakzeptieren einer Realität.

o In Wahrheit stehen Sie nie vor einer Entscheidung.

o Alles Wissen ist zugänglich, wenn Sie sich öffnen.

Machen Sie sich bewusst: Für das Selbst gibt es überhaupt nie ein Problem – für das Ego nie eine Lösung. Das eigentliche Problem ist, dass da ein Ego ist, ein Widerstand gegen das, WAS IST.

ÜBUNG 68: Erleuchtung intensiv

Setzen Sie sich mit einem Partner zusammen. Einer von Ihnen beiden fragt 15 Minuten lang: „Wer bist du?" Der andere nimmt die Frage als eine Hilfe, um in die Tiefe zu gehen, wie ein Echolot und sagt, was in ihm emporsteigt. Es geht also nicht darum, intellektuell Antworten zu finden, sondern in sich nachzugraben, „die Zwiebel zu schälen".

Erschöpfung als Zeichen von falscher Identität und Widerstand

„Jegliche Identität, beispielsweise das Selbstbild, wirkt als Widerstand im Fluss der Aufmerksamkeit. Wenn der Widerstand der Aufmerksamkeit gegenüber stärker ist als das vom Willen beziehungsweise vom Selbst gesteuerte Fließen, erfährt man einen Zustand der Erschöpfung, Überforderung und Verwirrung.

Erschöpfung liegt oftmals in der Identifikation mit dem kleinen Ich begründet und zeigt sich unter anderem als Aufmerksamkeitsverlust. Sie geht in dem Fall mit Widerstand einher – Widerstand dagegen, etwas „ganz Bestimmtes" zu erleben. Sobald wir bereit sind, das zu erleben, wogegen wir Widerstand haben, öffnen sich neue Möglichkeiten. Im täglichen Leben können wir uns fragen: „Was ist die gestellte Aufgabe? Worin liegt sie?" Wir können unseren Widerstand dagegen fühlen, bewusst loslassen und erleben, was dann geschieht.

Bezüglich des Hellsehens können wir uns angesichts von Konzentrationsmangel und Erschöpfung ebenfalls fragen, worin unser Widerstand liegt und diesen bewusst loslassen. Dann können sich innere Räume öffnen. Die Verlagerung der Aufmerksamkeit vom Ich zum Selbst ist ein Prozess. Sie dient der Stabilisierung unseres „Erwachens".

Von der wertfreien Beobachtung zur Wahrnehmung

Bis jetzt hatten wir Hilfsmittel, zum Beispiel Visualisierungen, herangezogen, um die Barrieren des Verstandes zu umgehen und zu tieferen Wahrnehmungen zu gelangen. Nun wollen wir in die direkte Wahrnehmung gehen. Dafür ist es notwendig, die Kunst des wertfreien Beobachtens (Zeuge-Seins) zu lernen. Diese Haltung ist wichtig, da wir in der Lage sein müssen, unsere Beobachtungen von Bewertungen, Vorstellungen, Wünschen, Vorbehalten usw. zu trennen.

Dies ist insbesondere im Coaching-Prozess wichtig: Der andere ist nicht dazu da, ein ungestilltes Bedürfnis nach Liebe und Bewunderung zu erfüllen, sondern hat ein Recht auf objektive Behandlung, bei der wir unbestechlich sind durch Zustimmung oder Ablehnung, und nur der Stimmigkeit verpflichtet.

Natürlich sollten wir bei der erweiterten Wahrnehmung die Intimsphäre eines anderen Menschen respektieren. Und doch ist es hilfreich, wenn wir die Gedanken des anderen, soweit sie sich aufdrängen, auch wahrnehmen und in den Heilungsprozess einbinden können.

Gedankenlesen ist eine Frage des Bewusstseins und der Übung, die in zwei Stufen stattfindet. Zuerst einmal geht es darum, in die Lage zu kommen, überhaupt Gedanken als solche wahrzunehmen – unabhängig davon, woher sie kommen mögen. Die meisten Menschen sind dazu nicht in der Lage. Sie drücken einfach die Gedanken aus, die ihnen gerade in den Sinn kommen, ohne zu wissen, was sie tun. Sie identifizieren sich mit „ihren" Gedanken und lassen sich von ihnen steuern. Eine einfache Methode ist die Vipassana-Meditation, die auf Siddharta Gautama zurückgeht. Nehmen Sie dafür eine geeignete Sitzposition ein. Diese können sein:

o *Der Pharaonensitz:* Sie sitzen auf der Vorderkante eines Stuhles, die Beine stehen nebeneinander, die Hände liegen auf den Oberschenkeln, die Wirbelsäule ist gerade, das Kinn leicht nach innen gezogen.

o *Der Schneidersitz oder Halblotussitz:* Setzen Sie sich im Schneidersitz auf ein Meditationskissen, in einen Sessel oder auf ein Sofa.

ÜBUNG 69: Vipassana-Meditation

Sie können diese Meditation eventuell anfangs durch Klangschalenmusik im Hintergrund unterstützen.

Stellen Sie einen Minutenwecker wahlweise auf eine Zeit zwischen 15 und 60 Minuten. Begeben Sie sich in die für Sie geeignete Position und nehmen Sie Ihren Atem wahr. Achten Sie darauf, dass Sie den Atem weder forcieren noch unterdrücken. Erlauben Sie, dass der Atem in Sie ein- und ausströmt, ohne diesen Prozess zu verändern. Sie selbst sind reiner Zeuge Ihres Atems. Erlauben Sie dem Atem, so zu fließen, wie er es gerade möchte.

Nach einigen Minuten werden sich Gedanken bemerkbar machen oder auch Empfindungen, Emotionen, was auch immer – es ist wichtig, dass Sie diese wertfrei wahrnehmen, ohne ihnen nachzugehen – Sie selbst sind reiner Zeuge von all dem, nicht mehr. Sie sind nicht damit identifiziert. Lassen Sie alle Gedanken vorüberziehen wie Wolken am Himmel oder, um eines anderen Bild zu benutzen: Sie stehen am Bahnsteig, die Züge kommen und gehen, aber Sie steigen nicht ein. Ebenso sollten Sie nicht Ihren Gedanken nachhängen, sondern einfach nur wertfrei wahrnehmen. Sie kämpfen also nicht gegen negative Gedanken, denn dadurch würden Sie sich mit ihnen identifizieren. Die Gedanken, wie interessant oder abscheulich sie sein mögen, sind einfach nicht von Belang. Bleiben Sie mit Ihrer Aufmerksamkeit einfach bei Ihrem Atem, ohne sich mit den Gedanken zu identifizieren. Mit fortwährendem Üben erkennen Sie das Folgende:

o Gedanken kommen und gehen, aber sie berühren Sie nicht.

o Gedanken und Emotionen verführen zwar dazu, auf sie „einzusteigen", aber Sie müssen dem nicht folgen.

o Ihr Wahres Selbst befindet sich jenseits der Gedanken.

o Indem Sie Ihre Aufmerksamkeit von den Gedanken abziehen, erwacht in Ihnen eine Wahrnehmung im Sinne von „das Wahre nehmen".

Indem Sie innerlich davon frei werden, auf eigene oder fremde Gedanken reagieren zu müssen, erwächst in Ihnen eine neue Bewusstheit.

ÜBUNG 70: Vipassana-Meditation mit Sanduhr

Alternativ zum Minutenwecker stellen Sie eine riesengroße Sanduhr mit einer Kerze darüber auf und beobachten, wie der Sand durch die Öffnung fällt, während Sie reiner Zeuge bleiben und „nichts" tun.

Eigene und fremde Gedanken unterscheiden lernen

Mit fortwährendem Üben erkennen Sie, dass sich alle Gedanken ein wenig anders anfühlen. Unabhängig von ihrem Inhalt sind alle Gedanken unterschiedlich in:

o Duft;

o Farbe;

o Frequenz;

o Gefühl;

o Klang;

o Schwingung.

Diese Unterschiede können Sie mit zunehmender Sensibilisierung wahrnehmen. Es ist so, als ob das Postauto zu Ihnen käme und Sie sagten: „Jetzt schauen wir dich einmal genau an, wo du herkommst. Du hast eine gelbe Farbe, du kommst wohl von der Post?" So ähnlich können Sie das auch mit Ihren Gedanken machen.

ÜBUNG 71: Die Denkeigenschaften eines anderen Menschen bewusst wahrnehmen

Imaginieren Sie einmal die Eigenschaften eines Menschen, den Sie gut kennen und dessen Denkgewohnheiten Ihnen vertraut sind. Und dann stellen Sie sich vor, Sie lüfteten die Schädelplatte dieses Menschen und schauten in seine „Denkfabrik" hinein beziehungsweise sie nähmen intuitiv wahr, wie dieser Mensch seine Gedanken fabriziert oder auch prägt,

vergleichbar einer Münzwerkstatt. Wenn diese Denk-
maschine Geldmünzen prägen würde, wie würde sie
das tun? Imaginieren Sie, Sie könnten in die einzelnen
Gedankenmechanismen dieser Person sehen, wie die
Räder einer Uhr oder einer Dampflokomotive – wie
würden sie sich bewegen, wie wären die Geräusche?
Welche Analogie beschreibt am besten die Denkfabrik
dieses Menschen?

Und nun machen Sie einen Sprung in der Wahrnehmung: Nehmen wir einmal an, Sie könnten die Gedanken dieses vertrauten Menschen nicht nur empfangen, sondern sogar fühlen – wie fühlten sie sich an?
Verwenden Sie hierfür eine Analogie und finden Sie
mindestens drei Begriffe. Fragen Sie sich: „Nehmen wir
einmal an, ich würde die Gedankenmaschinerie von ...
[Person] wahrnehmen können, wie wäre sie?", „Nehmen wir einmal an, die Gedanken von ... [Person] hätten ein Gefühl, eine Farbe, einen Klang, ein Gesicht,
wie wären diese?"

ÜBUNG 72: Nach einem Telefonat

Nachdem Sie ein Telefonat geführt haben, gehen Sie
in die Stille und fragen sich (ohne über den Inhalt weiter nachzudenken):

o Wie fühle ich mich?
o Was fühle ich konkret?
o Wie fühle ich das Nachwirken der Gedanken, Energien des anderen?

Fühlen Sie ganz bewusst die Wirkung der Gedanken dieser Person, mit der Sie gerade telefoniert haben, wertfrei, wie jemand, der als reiner Zeuge etwas beschreibt. Um die Gedanken der anderen Person noch einmal zu spüren, können Sie auch Worte oder Standardformulierungen, die diese Person gern verwendet, nachsprechen.

Wie können Sie „eigene" von „fremden" Gedanken unterscheiden? Stellen Sie sich vor, Ihre Gedanken sind eine Gruppe von uniformierten Menschen. Einige von ihnen sind etwas anders gekleidet, vielleicht so, als wenn sich unter die Verkäufer von *McDonald's* jemand im Dress von *Burger King* gemischt hätte. Sie erkennen: Diese Gedanken gehören gar nicht zu dieser Formation, sie sind fremd.

Besonders stark ist dies wahrnehmbar, wenn Sie in die Stille gehen. Einige Gedanken, die Sie wahrnehmen, werden sich fremd anfühlen, andere vertraut. Mit fortwährendem Üben werden Sie die Gedanken immer klarer erkennen und wissen, woher sie kommen, aber noch mehr: Sie werden in die Lage kommen, bewusst die Gedanken einer anderen Person anzuzapfen, indem Sie sich fragen: „Was mag die Person ... von mir denken?" Und dann betätigen Sie im Geiste einfach die Gedankenfabrik des anderen und beobachten, was dort an Gedanken herauskommt. Beides ist also möglich, die Herkunft von aktuellen Gedanken zu erkennen wie auch herauszufinden, wer was über Sie denkt.

ÜBUNG 73: Partnerübung „Gedanken wahrnehmen"

Die nächste Übung machen Sie wieder gemeinsam mit einem Partner. Person A spricht über ein Thema, Person B hört zu. Nach fünf Minuten hält sich Person B die Ohren zu und lässt in sich die Gedanken von Person A nachschwingen. Welche „fremden" Gedanken wurden beobachtet, die nicht wörtlich gesagt wurden? Was wurde noch wahrgenommen außer dem Gesagten? Mit diesen Gedanken geht Person B in die Stille (ununterbrochen für mindestens fünf Minuten). Dann teilt Person B Person A ihre Beobachtungen mit und beide tauschen sich darüber aus, ob die Wahrnehmung richtig war. Danach tauschen Person A und Person B die Rollen, das heißt Person B erzählt und Person A hört zu.

ÜBUNG 74: Beobachter-Meditation

Machen Sie wieder Ihre Beobachtungs-Meditation. Beobachten Sie Ihren Atem und lassen Sie die Gedanken vorüberziehen. Oder gehen Sie einfach in die Stille. In dieser Stille werden Gedanken versuchen, in Sie einzudringen. Viele Gedanken, die kommen und gehen, werden Ihnen vertraut sein. Aber manche haben eine ganz eigene Färbung, die sie bei der letzten Meditation nicht hatten. Diesmal aber nehmen Sie wahr, welche Gedanken von Ihnen sind und welche von woanders her kommen.

Mit fortwährendem Üben werden Sie Gedanken anderer Menschen auch während der Arbeit spüren und eventuell sogar energetisch oder telepathisch darauf antworten können. Oder Sie rufen einfach jemanden an, weil Sie den Gedanken empfangen haben, dass der andere Sehnsucht nach Ihnen hat oder ein Gespräch mit Ihnen wünscht. Der Effekt ist vergleichbar mit Ihrer Arbeit am PC, während Sie gleichzeitig Meldungen über eintreffende E-Mails empfangen können. Je intensiver Sie meditieren, umso klarer wird Ihr Bewusstsein und umso mehr sind Sie in der Lage, Gedanken zu empfangen und darauf zu reagieren.

In der Berater- oder Coaching-Praxis verraten Ihnen die Gedanken, die der andere unbewusst aussendet, die bestmögliche Therapie- oder Beratungsmethode und wo anzusetzen ist, da sie nicht durch den Intellekt des anderen verfälscht oder unterdrückt werden.

Den AKA-Faden wahrnehmen

Unterstützend für Ihre Fähigkeiten im Gedankenlesen ist die Gabe, den AKA-Faden zu verfolgen. Der Begriff „AKA-Faden" stammt aus der „Kahuna-Lehre", also von den Priestern Hawaiis, und ist auch in anderen Traditionen unter anderen Namen bekannt. Aka bezeichnet den Lichthof, wie er von der Sonne oder dem Mond ausgeht, und bedeutet auch „schattenhaft". „Ka" bezeichnettet auch einen sich verzweigenden Rebstock und heißt auch „Faden", „Schnur", „Kordel", „Seil". Gemäß der Kahuna-Lehre gibt es ein niederes, ein mittleres und ein hohes Selbst, welche allesamt AKA-Substanz in unterschiedlicher Dichte enthalten. Das niedere Selbst hat die Tendenz, Substanz seiner selbst an alle Objekte, mit denen es jemals in Berührung kam, anzuheften. Dies ist vergleichbar mit einer Spinne, die ihr Netz webt. Dieses Netz gibt dem niederen Selbst einerseits Kontakt, Wahrnehmung und Orientierung in der Welt, andererseits führt es zu Bindungen und zu Verhaftungen. Indem wir unsere AKA-Fäden wahrnehmen und gegebenenfalls von unvorteilhaften Objekten, Menschen etc. abziehen, gewinnen wir eine neue Freiheit zurück.

Den AKA-Faden verfolgen Sie so: Sie stellen sich vor, dass ein Gedanke, den Sie empfangen, an einem Seil hängt, ähnlich wie beim „Japanischen Fadenziehen" auf der Kirmes. Ziehen Sie gedanklich an dem Faden, bis im Geiste die Person auftaucht, von der dieser Gedanke stammt.

Sie nehmen aufgrund der AKA-Fäden wahr, wer gerade was von ihnen benötigt oder wer Ihnen gerade (unbewusst) etwas signalisiert, wer an Sie wie gerade denkt usw. In Kontakt mit dem AKA-Faden zu sein bedeutet, das Netzwerk, in das Sie eingewoben sind, und die Verbundenheit zu spüren. Thich Nhat Hanh nennt dieses Bewusstsein der Allverbundenheit „Intersein".

Gezielt den Gedanken eines anderen Menschen empfangen und lesen

ÜBUNG 75: Farben empfangen

Die nachfolgende Übung ist wieder für die Anwendung zu zweit gedacht: Setzen Sie sich mit einem Partner zusammen. Ihr Partner denkt an eine der vier Farben – Rot, Gelb, Grün oder Blau – und Sie nehmen wahr, an welche Farbe er denkt. Sie empfangen die Farbe, in die er sich hüllt. Wenn Sie die Farbe nicht sofort wahrnehmen können, dann nehmen Sie die folgende Fragetechnik zu Hilfe: „Wenn der andere die Farbe ... denken würde, wie würde sich das anfühlen?" „Entspricht dies der Empfindung, die ich gerade habe?" Erkennen Sie, welche Farbe Ihnen der andere sendet, indem Sie die vier Farbschwingungen ausprobieren.

ÜBUNG 76: Lassen Sie sich nun eine geometrische Figur senden und empfangen Sie diese

Nehmen Sie zur Übung Viereck, Dreieck und Kreis. Auch hier nehmen Sie zuerst einmal wahr, wie sich jede der drei Figuren anfühlt. Und dann spüren Sie, was der Partner Ihnen sendet.

Übung 77: Einen beliebigen Gedanken empfangen

Ein Partner denkt etwas ganz Konkretes, vielleicht einen Begriff. Und Sie selbst fragen sich: „Nehmen wir einmal an, ich könnte den Gedanken lesen, was würde ich empfangen?" Gehen Sie spielerisch an diese Übung heran. Das ganze Geheimnis liegt darin, Gedanken zu fühlen, statt sie zu denken. Es ist wie bei einer Schnecke, die ihre Fühler ausstreckt, um wahrzunehmen, was ist.

Übung 78: In Gedanken antworten

Nehmen Sie wahr, was der andere denkt und antworten Sie ihm nicht mit Worten, sondern mit einem Gedanken. Später fragen Sie den anderen, was er empfangen hat.

Anmerkung: Bevor Sie die Gedanken eines anderen Menschen lesen, fragen Sie geistig, ob ihm das recht ist. Gehen Sie respektvoll mit der Intimsphäre des anderen um.

Gegenseitigkeit –
Du bist ein anderes Ich

Mutuality I – Lügner durchschauen

Der Begriff „Mutuality" bedeutet „Gegenseitigkeit". Es geht hierbei um das Gesetz: „Ich bin und du bist, deshalb kann ich auch du sein". Sie können sich in jeden und alles hineinversetzen. Dadurch ist es Ihnen beispielsweise möglich, klar zu erkennen, ob der andere lügt. Dafür stellen Sie sich vor, Sie selbst seien der andere, würden so reden, gehen und sich geben wie der andere. Empfinden Sie, wie es ist, der andere zu sein. Dann wiederholen Sie in Gedanken die Worte des anderen mit *dessen* Stimme, Klang, Sprachmelodie. So erfahren Sie, in welcher Aufrichtigkeit und Absicht der andere die Worte gesprochen hat.

In der Coaching- oder Lebensberater-Praxis erkennen Sie so, ob der Klient (bewusst oder unbewusst) lügt oder Ihnen die Wahrheit erzählt. Entsprechend können Sie Ihre Behandlungsmethode darauf abstimmen.

ÜBUNG 79: Wahrheitsprüfung

Setzen Sie sich mit einem Partner zusammen. A erzählt etwas aus seinem Leben oder erfindet eine Geschichte. B prüft, ob es gelogen oder wahr ist, indem er sich in den anderen einfühlt.

Handschriften intuitiv deuten

Um eine Handschrift intuitiv zu deuten, benötigen Sie eine Schriftprobe. Je länger das Geschriebene ist, umso besser.

ÜBUNG 80: Handschrift deuten

Fahren Sie den geschriebenen Text mit einem Stift nach. Stellen Sie sich dabei vor, Sie seien der andere. Spüren Sie, wie Sie sich selbst fühlen, während Sie „als der andere" schreiben. Wenn Sie sich nicht unmittelbar fühlen können wie der andere, dann versuchen Sie Ihre Wahrnehmung mit drei Eigenschaften zu beschreiben, zum Beispiel „blumig, leicht, beschwingt". Verblüffend, wieviel die Handschrift über das Seelenleben eines Menschen verrät, insbesondere dann, wenn Sie nicht durch das äußere Bild dieses Menschen abgelenkt sind. Auch die Energiewirkung des gesamten Schriftbildes gibt Hinweise auf den Menschen. Dafür müssen Sie sich vom Inhalt des Textes lösen und das ganze Schriftbild auf einmal betrachten.

In der Berater-Praxis können Sie den Klienten einige Zeilen auf einen Zettel schreiben lassen. Aufgrund der intuitiv-graphologischen Wahrnehmung erfassen Sie seine Schwächen, Stärken sowie Bedürfnisse und können Ihre Beratung darauf abstimmen. Deutet die Handschrift zum Beispiel auf einen sehr zerrissenen Menschen hin, kann es sein, dass er von Ihnen Geborgenheit und Ruhe benötigt. Drückt die Handschrift dagegen Enge aus, kann es sein, dass schrittweise Öffnungen in die Freiheit den Heilungsprozess fördern.

ÜBUNG 81: Handschriften deuten mit einem Partner

Setzen Sie sich mit einem Partner zusammen. A schreibt einen Text. B liest und deutet die Handschrift des anderen.

Mutuality II – der andere sein,
mit dem anderen in geistigen Dialog treten

Natürlich können Sie auch intuitiv wahrnehmen, wie andere Menschen auf Sie blicken.

ÜBUNG 82: Der andere sein

Denken Sie an einen anderen Menschen. Stellen Sie sich einmal vor, Sie seien der andere, würden seine Kleidung tragen, sein Leben leben:

o   Wie sieht der andere Sie?

o   Womit ist er glücklich?

o   Was wünscht er sich von Ihnen?

Viele Projektionen und Irrtümer, die aus den eigenen Vorstellungen stammen, können sich mit dieser Übung auflösen. Sie können die Mutuality-Technik aber auch nutzen, um in einen imaginären Dialog mit einem anderen Menschen zu treten, ähnlich wie wir es bereits mit dem Älteren Selbst geübt haben.

ÜBUNG 83: Imaginärer Dialog mit zwei Stühlen

Stellen Sie zwei Stühle einander gegenüber auf, einen für Sie, einen für den anderen, beispielsweise Ihren Partner. Setzen Sie sich auf Ihren Stuhl. Treten Sie mit dem anderen in einen geistigen Dialog. Sprechen Sie aus dem Herzen an, womit Sie glücklich sind und in welchen Bereichen Sie sich möglicherweise unerfüllt fühlen. Sprechen Sie auch die Dinge an, die Sie sich scheuen, im direkten Kontakt zu thematisieren, aber sprechen Sie diese liebevoll und aus dem Herzen heraus an. Dann wechseln Sie den Stuhl. Sagen Sie als der andere, wie Sie die Situation sehen und was Sie glauben, was zu tun ist. Dann prüfen Sie, inwieweit Sie bereit sind, auf das einzugehen, was der andere sagt. Gegebenenfalls wechseln Sie mehrmals die Stühle. Achten Sie darauf, ein reiner Kanal zu sein für das, was gesagt werden möchte, ohne Wunschdenken, ohne Ablehnung. Beenden Sie das imaginäre Gespräch auf jeden Fall konstruktiv und positiv.

ÜBUNG 84: Imaginärer Dialog rein gedanklich

Sie können den imaginären Dialog natürlich auch rein gedanklich führen. Stellen Sie sich vor, der andere säße vor Ihnen. Spüren Sie, was der andere antwortet, ohne dass Sie dafür die Stühle wechseln müssen.

Mutuality III – sich in ein Tarotbild hineinfühlen

Wenn Sie in Ihrer Wahrnehmung geübt sind, werden Sie das Maß an Stimmigkeit beim Kartenlegen deutlich spüren. Eine unbewusste Ebene in Ihnen spürt sofort und sehr deutlich, ob die Karten „zu Ihnen sprechen" oder ob Sie „Gemüse" ziehen, das heißt in keiner inneren, spürbaren Resonanz mit den Karten stehen. Wenn Sie spüren, dass die Karten Ihnen gerade nichts sagen, sollten Sie den Kartenstoß wieder zusammenlegen und bewusst vergessen, was Sie gezogen haben. Um das Tarot oder ein vergleichbares Instrument professionell zu nutzen, sind drei Dinge erforderlich:

1. Eingestimmt sein auf das Jetzt;
2. Einfühlungsvermögen beziehungsweise tieferes Wissen über den Symbolgehalt der einzelnen Karten;
3. Übersetzung der Karte in das Leben beziehungsweise die Lebensumstände.

Eingestimmt sein auf das Jetzt bedeutet, nicht im Verstand, sondern in unvoreingenommener Offenheit und Unschuld zu sein, im inneren Raum zu ruhen. Was immer jetzt in Erscheinung tritt, das ist gut, darf sein. Alles darf sein. Nichts wird begehrt, nichts wird abgelehnt. Wenn Sie in diesem Bewusstseinszustand eine Karte ziehen, wird es immer die richtige sein. Dies geschieht aufgrund des Gesetzes der Gleichzeitigkeit. Sie können, wenn Sie im Jetzt sind, nur die Karte ziehen, die Ihrem fokussierten Thema entspricht, die Ihnen im

Jetzt etwas zu sagen hat. Ebenso, wie es keine Willkür im täglichen Leben gibt, was Ihnen wann „zufällig" begegnet, gibt es auch keine Willkür im Tarot, wenn Sie im Jetzt eingestimmt sind. Hilfreich für das Einstimmen ist es, darum zu bitten, dass Sie jetzt die richtigen Karten ziehen. Sie können auch eine Meditation, ein Gebet, ein Bewusstes-in-die-Führung-Gehen wählen – was immer Sie in Kontakt mit der umfassenderen Wahrnehmung kommen lässt.

Hinter allen Kartenlegesystemen steckt ein „Spirit" (ein Geist), den Sie durch die Karten channeln. Durch das Kartenziehen treten Sie in Kontakt mit seiner höheren Intelligenz. Wenn Sie mit dem Tarot arbeiten, ist es wichtig, dass Sie sich bewusst machen, dass Sie durch das Kartenziehen mit einem WESEN Kontakt aufnehmen, nämlich mit dem „Wesen des Tarot". Das Tarot ist mehr als ein Kartenspiel – es ist eine Darstellung der Lebensgeheimnisse, des hebräischen „Baum des Lebens" in Kartenform. Es ist der Spirit der Kaballah, des Lebensbaumes. Die 22 Trumpfkarten im Tarot (große Arkana) entsprechen hierbei den 22 Wegen im Lebensbaum.

Indem Sie sich mit dem Tarot verbinden, verbinden Sie sich mit dem Lebensbaum. Wenn Sie allerdings Karten ziehen, ohne sich dieses Kontaktes bewusst zu sein, vielleicht einfach nur aus Neugierde oder weil Sie in der Frühstückspause nichts Besseres zu tun haben, wird das Tarot-Ergebnis nicht so zutreffend sein. Das Tarot selbst hat nach meinen Erfahrungen noch nie gelogen.

Ähnliches gilt für das I Ging. Namhafte I-Ging-Kommentatoren schreiben, dass das Werfen des I Ging nichts anderes ist als die Kontaktaufnahme zu dem Weisen, der über das Medium des I Ging zu Ihnen spricht, genauer gesagt: *durch* Sie antwortet.

Es ist ähnlich wie beim Ruten: Beim Ruten ist die Rute das Instrument, beim Kartenlegen sind es die Karten, beim I Ging sind es die Münzen. Da beim I Ging eine Kraft „jenseits von Zeit und Raum" wirkt, geht es nicht darum, welche Münzen nach der Wahrscheinlichkeitsrechnung jetzt dran wären. Tatsächlich ist über die Münzen – wenn man eine Haltung der Wertschätzung einnimmt – ein „Kontakt" zu dem Weisen möglich. Es ist wichtig, sich dessen bewusst zu sein und die Kraft, die durch dieses Medium wirkt, zu ehren.

Kehren wir zurück zum Tarot: Vergessen Sie bitte das simple Kartenlegen mit vorgefertigten Kommentaren darüber, was welche Karte bedeuten soll. Erspüren Sie stattdessen die Energie der Karten jedesmal neu mit einem *beginner's mind* ohne Vorurteile, erfühlen Sie die Qualität der Karte unmittelbar in Resonanz zu dem betreffenden Thema.

Wenn Sie in Ihrer sensitiven Wahrnehmung geschult sind, werden Sie spüren, ob Sie gerade in Ihrem höchsten Bewusstsein sind, wenn Sie die Karten ziehen. Sie bemerken es spätestens beim Ergebnis. Wenn Sie die Tarotkarte ziehen und anschauen, fühlen Sie entweder einen Gongschlag, spüren ein inneres „Ja" oder bekommen ein inneres Zeichen, dass die Karte stimmt. Oder Sie spüren, dass Sie „Gemüse" gezogen haben, dass Sie zum Zeitpunkt der Ziehung nicht im höchsten Bewusstsein waren. Wenn Sie spüren, dass Sie nicht im höchsten Bewusstsein waren, sollten Sie die Karten weglegen und vergessen. Wenn Sie hingegen spüren, dass die Karte zu Ihnen spricht, sollten Sie die Energie der Karte auf sich wirken lassen. Hierfür ist es hilfreich, zu fühlen ohne zu denken, das heißt, die Energie der Karte und die Resonanz, die sie in Ihnen erzeugt, wahrzunehmen.

Wenn Sie selbst gerade verwirrt oder nicht in Kontakt mit Ihrem höheren Bewusstsein sind, werden Sie Schwierigkeiten haben, für sich die Karten zu ziehen. In dem Fall hilft es Ihnen möglicherweise, eine Sitzung bei einem professionellen Kartenleger zu nehmen. Die Kunst eines professionellen Kartenlegers liegt darin, einen vorurteilsfreien Raum zu schaffen, in dem Sie in der Lage sind, die richtige Karte zu ziehen.

Besonders spannend wird es, wenn Sie die gezogene Karte nicht nur auf sich wirken lassen, sondern sogar zu der gezogenen Karte werden. Dies bedeutet, sich vorzustellen, man sei die Person auf der Karte, habe die gleiche Mimik, Haltung und den gleichen Gesichtsausdruck. Wenn Sie tiefer einsteigen möchten, lassen Sie Ihre Fantasie spielen und fragen Sie sich beim Betrachten der Szene auf der Karte:

o Was geschah vor dieser Situation?

o Welche anderen Beteiligten sind da?

o Wie entwickelt sich die Situation weiter?

Wenn Sie eine Tarotkarte in ein Bühnenstück überset-
zen und dieses bewusst und behutsam ausagieren,
werden Sie erleben, dass sich daraus – ähnlich wie
beim Familienstellen – eine eigene Thematik und
manchmal auch Dramatik ergibt, die in der Lage ist,
Innerpsychisches darzustellen und einer Lösung zu-
zuführen. Dies ist eine schamanische Arbeit, die seelische Konflikte heilen und sogar bei der Auflösung von
Frigidität, Unfruchtbarkeit und ähnlichen Themen
mithelfen kann.

ÜBUNG 85: Mutuality und Tarot

Ein Teilnehmer zieht eine Karte aus einem Tarotspiel
und nimmt die Position der Person auf der Karte ein.
Dann teilt er mit, wie er sich als diese Person fühlt,
was er als diese Person denkt. Anschließend lässt er,
eventuell begleitet durch eine zweite Person/einen
Therapeuten, die Situation sich weiterentwickeln.

Mutuality IV – erweiterte Wahrnehmung mithilfe von Krafttieren

Seit alters benutzen Schamanen den Kontakt zum Tierreich für die außersinnliche Wahrnehmung. In rituellen Tänzen oder mithilfe von Drogen verwandeln sich die Schamanen geistig in Tiere beziehungsweise nehmen mental Kontakt mit Tieren auf und erhalten so wertvolle Antworten, die für das Wohlergehen des Stammes wichtig sind.

Wenn wir verstehen wollen, warum das Reich der Tiere uns beim Hellsehen hilft, dürfen wir das Tier nicht mit dem Körper des Tieres verwechseln. Wir müssen erkennen, dass das Tier einem „Prinzip" entspricht.

Diesem Prinzip kommen wir am ehesten auf die Spur, wenn wir uns fragen: „Wenn ich die Urkraft wäre, welche Energie/welcher Zustand würde mich zu diesem und jenem Tier machen?" Das Tier ist im Grunde genommen nichts anderes als eine verfestigte Energie, so wie Blei beim Bleigießen der Abdruck einer verfestigten Energie ist.

Der Form des Tieres wohnt aber ein archetypisches Prinzip inne, das – im Gegensatz zum Menschen – noch unverfälscht ist. Über das Tier können wir so mit Urprinzipien der Schöpfung in Kontakt kommen – und damit auch mit Urprinzipien in uns. Wir können uns bei den Tieren Prinzipien und Fähigkeiten „leihen", die uns fehlen oder die mangelhaft sind – sei es genetisch oder durch die Erziehung bedingt. Den Homöopathen ist dieses Prinzip durch die Signaturenlehre bekannt.

Es hat seinen Grund, warum die Scheichs im Orient stets ihren Falken bei sich haben, die Hexen ihre Katze und Prominente ihr Hündchen. Ein Hund mit seiner Liebesfähigkeit hat schon so manche Ehe gerettet und ein hauseigenes Pferd schon so manchen Menschen geheilt, allein durch seine Wesenhaftigkeit. Doch wir müssen ein Tier nicht besitzen, um Hilfe aus dem Reich der Tiere zu bekommen. Wir können mit dieser Energie permanent in Kontakt treten. Die Voraussetzung dafür ist, dass wir die Tiere ehren und lieben und ihnen wohlgesonnen und damit dankbar gegenüberstehen.

Wie können wir jetzt von der Kraft und der Weisheit der Tiere profitieren? Zum einen müssen wir wissen, dass wir Bewusstsein sind. Wir sind nicht umherlaufende menschliche Körper, sondern Bewusstsein, das sich in einer ganz bestimmten Frequenz, Welle, ausdrückt. Bewusstsein ist in der Lage, sich mit jedem und allem zu identifizieren und auch mit einem Tier in Verbindung zu gehen. Der Zauberer im Märchen ‚Der gestiefelte Kater' zeigt, wie es geht: Man kann sich nach Belieben einschwingen auf die Energie eines Uhus, eines Elefanten oder eines Pferdes.

Tiere haben genau das Bewusstsein, das uns in unserer vom Großhirn gesteuerten Welt am meisten verlorengegangen ist. Tiere verfügen über Bewusstheit im Stammhirn, das sich in den Rückenmarks- kanal hinein erstreckt. Wir suchen so gern Antworten aus höheren Ebenen von Engeln, Geistführern usw. Doch sollten wir hierbei nicht vergessen, wie wichtig es ist, uns mit unserem Instinktwissen und dem intuitiven Wissen unserer Tierseele zu verbinden, denn sie ist zuständig für unsere Navigation im Kreatürlichen.

BEISPIELE:

o Auf dem Weg in die Tiefe der eigenen Seele begleitet uns die *Amsel*, schließlich bedeutet ihr Name übersetzt „schwarzer Druide".

o Das Geweih des *Elches* kann uns als subtile Antenne für höhere Wahrnehmungen dienen, während der Elch selbst als Beschützer der Liebe und Heiler von Partnerschaftsproblemen fungiert. Vielleicht ist er deshalb in Kinderfilmen so beliebt.

o *Eulen* helfen uns, Gefahren aus der Schattenwelt zu erkennen, schließlich sehen sie im Dunkeln.

o Der *Falke* verleiht uns nicht nur Macht, sondern er ist in der Lage, einen Menschen, eine Beziehung, ein Projekt scharf zu sehen und zu erkennen, wo etwas zu holen ist und wo nicht.

o *Giraffen* helfen uns, die Dinge von oben – mit beobachtender Distanz – zu sehen.

o Wenn wir die verborgene Harmonie hinter dem Chaos verstehen wollen, müssen wir nur dem *Jaguar* folgen.

o Wer alte Denkstrukturen auflösen möchte, kann dies vom *Lachs* lernen, der bekanntlich gegen den Strom schwimmt.

o Die *Qualle* lehrt uns, weich zu werden, Erstarrungen loszulassen.

o Als Bote zwischen den Welten dient uns der *Rabe*, der seit alters als Gott der Unterwelt gilt.

o Das tiefe Wissen um die Heilung von Leiden offenbart uns die *Schlange*.

o Der *Schwan* ist ein ganz besonderes Tier: Zum einen glättet er – majestätisch auf dem See ruhend – die Wogen und sorgt dafür, dass nicht zu viel aus dem Unbewussten aufsteigt. Zum anderen steht er für höchste Reinheit, den Kontakt zur eigenen unsterblichen Seele. In Indien gilt „höchster Schwan" (Paramahansa) als Ehrentitel für erleuchtete Yogis.

o Die Seele liebevoll im Inneren zu berühren, lernen wir vom *Seehund,* während uns der *Wal* als Vermittler zwischen verschiedenen Welten dient.

o Der *Wolf* mit seinem Potenzial zur Leidenschaft ist uns Lehrer der heiligen Dinge zwischen Geburt und Tod. So einsam, wie man sagt, ist der Wolf übrigens gar nicht: Er ist uns auch ein Lehrer für das Rudelbewusstsein.

Die oben angeführte Darstellung ist nicht vollständig. Es kann sein, dass Sie bei Ihren Verwandlungen ganz andere Erfahrungen mit Ihren Tieren machen. Um sich einzustimmen auf die Energie der Tiere, genügt fürs Erste, das Foto des gewählten Tieres auf sich wirken zu lassen und dabei nicht auf die Form zu schauen, sondern das Bild des Tieres zu fühlen ohne zu denken."[17]

Für die Problemlösung durch gedankliche Verwandlung in ein Krafttier eignet sich folgende Vorgehensweise:

o Die Frage klären: Welches Thema möchte ich angehen?

o Das Herz öffnen, um Kontakt mit dem Höheren Selbst bitten.

o Die Liste der Tiere durchgehen. Dabei intuitiv erspüren, welches Tier sich zur Problemlösung meldet.

o Sich in das Tier verwandeln, die Lösung erleben.

o Sich wieder in den Menschen verwandeln, die Lösung notieren und angehen.

ÜBUNG 86: DAS KRAFTTIER SEIN

Verwandeln Sie sich in Ihr Lieblingstier/Krafttier und nehmen Sie als dieses wahr, welche Lösung/Antwort Sie für ein spezielles Thema erhalten.

Das Geheimnis des inneren Raumes

In die Stille gehen und die Antwort erspüren

Der innere Raum eignet sich hervorragend als Ort der Wahrnehmung. Er entsteht allein durch Meditation, wertfreies Beobachten oder inneres Gebet. Wenn Sie tief in der Stille sind, können Sie erleben, wie sich Ihr innerer Raum auftut.

ÜBUNG 87: Den inneren Raum betreten

Gehen Sie in die Stille. Aus dieser inneren Stille heraus stellen Sie eine Frage:

o Wie soll ich mich bezüglich ... verhalten?

o Worauf sollte ich achten, wenn es um ... geht?

o Was ist für den Lebensbereich ... zu beachten?

Warten Sie in der Stille auf das Auftauchen der Antwort. Geben Sie die Frage wie einen Bumerang in den inneren Raum und warten Sie, was zurückkommt, ohne eine konkrete Erwartung oder Vorstellung zu haben. Lassen Sie die Antworten aus dem inneren Raum aufsteigen. Geben Sie ihnen Zeit. Haben Sie den

Mut, in der Stille zu verharren, bis Sie die Antwort erspüren.

Mit fortwährendem Üben erkennen Sie, dass sich stimmige Antworten aus der Intuition anders anfühlen als solche, die aus dem Verstand kommen. Dies braucht zugegebenermaßen eine gewisse Unterscheidungskraft. Wenn Sie tief in der Meditation sind, können Sie auch leicht wahrnehmen, ob Sie gerade denken oder eine Intuition empfangen, diese beiden Vorgänge fühlen sich anders an.

In der Berater- oder Coaching-Praxis empfiehlt sich die innere Stille zur Vorbereitung einer Sitzung. Stellen Sie die Frage: „Wie soll ich mit dem Klienten ... arbeiten?" Gehen Sie in die Stille und warten Sie auf die Antwort aus der eigenen Tiefe. Solange Sie noch ungeübt sind, überprüfen Sie Ihre Wahrnehmungen immer wieder, denn es braucht, wie bereits erwähnt, Fertigkeiten und Übung, bis Sie echte Wahrnehmungen von Gedanken des Verstandes unterscheiden können. Mit fortwährendem Üben werden Sie immer besser.

Das Dritte Auge öffnen

ÜBUNG 88: Aktivierung des Dritten Auges

Schließen Sie die Augen und lenken Sie bei geschlossenen Augen Ihre Aufmerksamkeit zu der Stelle, an der das Dritte Auge sitzt: in das Innere in der Mitte der Stirn. Indem Sie daran denken, aktivieren Sie es und veranlassen es, sich zu öffnen und wahrzunehmen. Weitere Möglichkeiten, das innere Auge zu aktivieren, sind:

o das sanfte Pressen der geschlossenen Augen mit den Zeigefingern, so wie es im Kriya-Yoga gelehrt wird;

o das Wiederholen eines heiligen Wortes/Mantras/Simrans mit der „Zunge des Geistes";

o das wertfreie Beobachten dessen, was sich vor dem Dritten Auge tut, bis sich die verschiedenen Ebenen öffnen.

Durch „geistiges Anprobieren"
die richtige Entscheidung treffen

„Geistiges Anprobieren" ist eine Einladung, sich in eine potenzielle Zukunft einzufühlen. Bevor Sie ein Kleidungsstück kaufen, probieren Sie es erst einmal an, um zu sehen, ob es passt. Und genauso können Sie auch eine Entscheidung anprobieren, bevor Sie sie tatsächlich treffen.

Bevor Sie sich also aufmachen, Energie auf ein möglicherweise unstimmiges Ziel zu richten, stellen Sie sich vor, Sie hätten das Ziel schon erreicht, und fühlen aus der Zukunft heraus: „Wie fühlt sich diese Zielerreichung an?"

Sie erkennen stimmige Entscheidungen und Ziele an dem Grad der Freude beim „geistigen Anprobieren". Hier gilt es, fein zu unterscheiden zwischen dem „Strohfeuer der falschen Begeisterung", das aus dem Ego kommt, und der Steinkohlenglut der wahren Begeisterung, die von Ihrem Wahren Selbst kommt, wenn Sie sich wirklich in die potenzielle Zukunft einfühlen. Wahre Ziele und Entscheidungen hinterlassen beim „geistigen Anprobieren" einen hohen Grad an anhaltender Freude und Dankbarkeit, und das über längere Zeit.

VARIANTE: Bitten Sie vor dem „geistigen Anprobieren" Ihr Höheres Selbst, Sie darin zu unterstützen, beispielsweise durch die folgende Anrufung/das folgende Gebet: „Liebes Höheres/Älteres Selbst! Ich bitte um innere Führung und rechte Inspiration, damit ich meine Energien in die richtige Richtung lenke, die jeweiligen Aufgaben erkenne und mich stets stimmig verhalte."

In der Beraterpraxis bitten Sie den Klienten, sich auf das jeweilige Ziel zu fokussieren und lassen ihn erzählen, wie er sich in einem halben Jahr fühlen würde und ob diese Richtung dann für ihn passt. Das „geistige Anprobieren" lässt sich auch zum „Vorfühlen" bezüglich verschiedener Behandlungsmethoden, spiritueller Richtungen und zur Lebensorientierung einsetzen.

ÜBUNG 89: Die Zukunft „anprobieren"

„Probieren" Sie in einer wichtigen Sache einmal Ihre potenzielle Zukunft an, gehen Sie geistig in die Vorstellung und spüren Sie genau hin, wie sich das anfühlt.

Wichtig beim „geistigen Anprobieren" ist, dass Sie nicht in Ihre Vorstellungen gehen, sondern mit dem Anprobieren erst beginnen, wenn sich Ihr innerer Raum geöffnet hat.

Verändernd hinschauen

Gehen Sie in ein erweitertes Bewusstsein, in Ihren inneren Raum, in die Erinnerung daran, wer Sie wirklich sind. Denken Sie aus diesem erweiterten Bewusstsein heraus an einen Bereich Ihres Lebens, der Ihnen wichtig ist, zum Beispiel:

o Beruf;

o Beziehung mit ...;

o Erfüllung;

o Fitness;

o Freunde;

o Geld;

o Gesundheit;

o Körperlichkeit;

o Lebensfreude;

o Lebensgestaltung;

o Lebenssinn;

o Spiritualität.

Während Sie den Lebensbereich ins Bewusstsein nehmen, denken Sie an den Begriff der Stimmigkeit. Bitten Sie innerlich, dass Ihnen Bilder, Informationen, Eindrücke zufließen, die die Stimmigkeit in diesem Lebensbereich darstellen. Wichtig ist es hierbei, in Gleichmut und ohne Vorurteile zu sein. Schauen Sie einfach hin. Denken Sie an den Menschen, die Lebenssituation und sagen Sie sich dabei: „Ich bitte um Stimmigkeit!" Nehmen Sie wahr, was Sie empfangen. Bleiben Sie in der Wahrnehmung, bis Sie erleben, dass Ihr inneres Bild sich stabilisiert hat. Irgendwann spüren Sie, dass der Energiestrom von allein abebbt und die geistige Veränderung/Einjustierung auf das Stimmige geschehen ist. Drücken Sie dies mit einem „Danke" aus.

Genauso können Sie auch im Alltag verfahren, wenn Sie mit einer Situation konfrontiert werden, die noch nicht optimal ist: Sie richten im Alltag Ihre Aufmerksamkeit immer wieder auf das, was Sie wahrgenommen haben, nicht auf die Illusion, die sich Ihnen hin und wieder noch präsentiert. Wenn nötig, geben Sie sich den Gedankenbefehl „Optimieren!".

Übung 90: Eine Situation optimieren

Schauen Sie einmal auf eine Situation, die noch nicht optimal ist, oder einen Aspekt in Ihrem Leben, der Ihnen wichtig ist, liebevoll hin und nehmen Sie wahr, wie sich dadurch eine Veränderung vollzieht.

Die Aufmerksamkeit auf eine noch unbekannte Antwort / Lösung gerichtet halten

Die nachfolgende Bewusstseinstechnik lässt sich hervorragend zur Lebensgestaltung einsetzen, da sie die erweiterte Wahrnehmung mit der Kraft der Aufmerksamkeit verbindet. Sie ist insbesondere geeignet für Lebensbereiche, in denen Sie sich Verbesserungen wünschen, aber noch nicht genau wissen, in welche Richtung die Verbesserung sich entwickeln sollte.

Sie brauchen die optimale Lösung/Antwort nicht zu kennen, um Ihre Intuition einzusetzen, sondern können auch Ihre Aufmerksamkeit auf eine noch unbekannte Lösung/Antwort gerichtet halten. Dadurch ermöglichen Sie das Auftauchen der für Sie bestmöglichen Lösung/Antwort. Die Drei-Schritte-Methode hilft Ihnen:

o *Erster Schritt:* In die Stille gehen, vom Denken zur reinen Wahrnehmung, dem inneren Raum kommen. Es geht darum, reiner Beobachter zu sein. Verharren Sie in dieser Stille.

o *Zweiter Schritt:* Das Thema fokussieren. Denken Sie an den Lebensbereich, für den Sie eine Antwort suchen.

o *Dritter Schritt:* An die Lösung denken und wertfrei wahrnehmen, was auf Sie zukommt.

Übung 91: Die Aufmerksamkeit gerichtet halten

Nehmen Sie einmal ein Thema in Ihr Bewusstsein und richten Sie dann Ihre Aufmerksamkeit nach der Drei-Schritte-Methode auf die Lösung.

Es kann sein, dass Ihnen die Lösung nicht sofort einfällt. Doch Sie ziehen diese magnetisch an, indem Sie Ihre Aufmerksamkeit unbeirrt darauf gerichtet halten, denn die Energie folgt der Aufmerksamkeit.

Denken Sie an das Thema oder die Frage und seien Sie offen für Ihre Wahrnehmung. Wichtig ist, dass Sie nicht aus dem Intellekt heraus grübeln, sondern wahrnehmen, wie sich die Lösung von selbst formt. Spätestens nach zwei Stunden haben Sie Klarheit.

Es geht also nicht darum, sich ein gewünschtes Ergebnis vorzustellen, sondern nur wahrzunehmen, wie sich die Lösung in Ihnen bildet, indem Sie einen Filter, ein Bewusstsein von Lösung in der Aufmerksamkeit halten.

Indem Sie die Richtung verändern, in die Sie Ihre Aufmerksamkeit lenken, bringen Sie mehr und mehr Aspekte in die Stimmigkeit. Ihre Aufmerksamkeit prägt und verwandelt Ihr Leben – es ist nur die Frage, ob in Richtung Stimmigkeit oder basierend auf alten Mustern.

Aufmerksamkeitsbereiche können sein:
Berufliche Erfüllung: Welche Bereiche sind unerfüllt und was wäre die Lösung für ein erfülltes Leben entsprechend der eigenen Berufung?
Stellung in der Gesellschaft: Bin ich in der Position, wo

ich hingehöre? Wenn nein, was wäre die Lösung, um in diese Position zu gelangen?

Beziehung: In welchen Lebensbereichen ist meine Beziehung stimmig und wo nicht? Wie sieht die Stimmigkeit hier aus?

Gesundheit: Wie ist es um meine Vitalität und Gesundheit bestellt? Welche Lösung beziehungsweise Antwort gibt es hier für mich?

Lebenslust und Lebensfreude: Sind sie vorhanden? Wenn nein, was ist mein Weg dorthin?

Ansprüche Dritter an mich (Eltern, Kinder, Partner, Kollegen etc.): Sind sie stimmig, beziehungsweise was ist die stimmige Lösung damit umzugehen?

ÜBUNG 92: Ihr Leben in Ordnung bringen

Listen Sie auf, welche Dinge in Ihrem Leben noch nicht in Ordnung sind, und richten Sie Ihre Aufmerksamkeit jeweils auf eine mögliche Lösung. Lassen Sie sich überraschen, was Sie erleben. „Abziehen von" und „richten auf" ist das ganze Geheimnis!

Sich mit einer positiven Qualität aufladen – dann die Lösung erkennen

Gelegentlich fordert Sie das Leben auf, Entscheidungen zu treffen, die Sie mit dem gegenwärtigen Bewusstsein nicht treffen können, beispielsweise weil Ihnen dafür die Reife, die Abgeklärtheit oder einfach auch das Wissen fehlt. In diesem Fall erfüllen Sie sich mit der Qualität, die Sie brauchen:

1. Ich nehme meinen eigenen Bewusstseinszustand wahr und beschreibe ihn mit drei Worten.
2. Welche Qualität/Eigenschaft brauche ich zur Beantwortung meiner Frage (Frieden, Weisheit ...)? Ich erfülle mich mental mit dieser Qualität.
3. Ich denke in diesem Bewusstseinszustand an die Frage und entdecke die Lösung.

Sie beginnen damit, Ihren Bewusstseinszustand wahrzunehmen. Hierbei ist es hilfreich, wenn Sie sich darauf konzentrieren, wie sich Ihr Bewusstseinszustand *im Zusammenhang mit dem Thema* verhält! Am besten fragen Sie an dieser Stelle auch Ihre Intuition oder Ihr Höheres Selbst, welche Qualitäten hier wichtig sind. Notfalls warten Sie einige Zeit und verharren in der Stille so lange, bis Ihnen die richtige Qualität „einfällt". Dann erfüllen Sie sich mit einer Grundqualität, zum Beispiel „Ruhe", und dann mit so vielen Qualitäten, bis Sie die Entscheidung treffen können. Am leichtesten ist es in der Regel, wenn Sie mit Ruhe beginnen, da es vielen Menschen relativ leicht fällt, sich mit Ruhe zu erfüllen. Erst wenn Sie spüren, dass Sie von den gewählten Qualitäten tief durchdrungen sind (das kann einige Zeit dauern), schauen Sie sich *aus dieser Perspektive* Ihre Situation/Aufgabe/Frage an. Nehmen Sie wahr, was Sie sehen. Nachfolgend einige Anregungen:

BEISPIEL: Welche Art von Trinkwasser soll ich wählen? Ich nehme meinen eigenen Bewusstseinszustand (wenn ich an mein Trinkwasser denke) wahr als „angespannt und erschöpft". Ich erfülle mich mit „Ruhe". Ich erfülle mich mit „Ruhe und Wissen". Ich erfülle mich mit „Ruhe und Wissen und Kontakt zu meiner Körperintelligenz". Ich nehme wahr, dass es sich um „frisches, lebendiges" Wasser handeln sollte.

BEISPIEL: Wie sollte ich meine Beziehung zu meinem Kollegen führen? Ich nehme meinen eigenen Bewusstseinszustand (wenn ich an meine Beziehung denke) wahr als „unter Druck, beengt und emotional gestaut". Ich erfülle mich mit „Ruhe". Ich erfülle mich mit „Ruhe und Beziehungsfähigkeit". Ich erfülle mich mit „Ruhe und Beziehungsfähigkeit und erlöster Energie". Ich erkenne beispielsweise, dass es darum geht, „spielerisch" mit dem Kollegen umzugehen.

ÜBUNG 93: Sich mit einer Qualität erfüllen

Nehmen Sie sich eine Frage vor, die Ihnen wichtig ist. Dies kann zum Beispiel die Planung Ihrer beruflichen

Zukunft sein. Welche Qualität würde Ihnen helfen, hier Klarheit zu gewinnen? Möglicherweise „Weitblick". Erfüllen Sie sich mit dieser Qualität und beantworten Sie sich dann mithilfe von ihr die Frage selbst, indem Sie Ihren „Weitblick" oder was immer die Qualität ist, auf die Frage richten.

In der Beraterpraxis bietet diese Technik die Möglichkeit, sich mit einer Qualität aufzuladen, die Sie für Ihre Arbeit benötigen. Wenn beispielsweise ein extrem empfindlicher Klient auf Sie zukommt, können Sie sich mit „Einfühlungsvermögen" aufladen und dadurch den Verlauf der Sitzung optimieren. Natürlich können Sie sich auch mit „Wissen" aufladen.

Ein sehr schönes Sinnbild liefert Brandon Bays in ihrer Arbeit „The Journey", bei der sie sich die benötigten Qualitäten in Form von Luftballons vorstellt. Das Hinzunehmen positiver Qualitäten lässt sich auch zur Bereinigung von Vergangenheitsthemen einsetzen.[18]

Als Kosmos denken – das Tor zum Himmel öffnen

Übung 94: Das Tor zum Himmel öffnen

Die nachfolgende Übung unterstützt Sie darin, die Grenzen der Subjektivität zu übersteigen und weitgehend als „das Ganze" zu denken und zu entscheiden. Dadurch ist sichergestellt, dass Sie in Ihren Entscheidungen so ganzheitlich wie möglich vorgehen.

a) Vorübung: Bei jeder der nachfolgenden Vorübungen sollten Sie hinspüren, wie es sich anfühlt, diese Übung zu vollziehen:

o   Beobachten Sie Ihren Atem.

o   Erleben Sie, dass der Atem Sie trägt.

o   Atmen Sie nur in die linke Lunge.

o   Atmen Sie nur in die rechte Lunge.

o   Atmen Sie in beide Lungenflügel gleichzeitig.

o   Atmen Sie von der Mitte aus senkrecht nach unten bis zum Beckenboden. Spüren Sie, wie der Atem Sie aufrichtet.

o   Atmen Sie von der Mitte aus senkrecht nach oben in die Scheitelspitze.

o   Atmen Sie von der Mitte aus nach oben und unten gleichzeitig. Wie erleben Sie dies?

o   Atmen Sie nach vorn und hinten gleichzeitig.

o   Atmen Sie nun nach rechts und links, also zu beiden Seiten gleichzeitig.

o   Nun atmen Sie in alle sechs Richtungen gleichzeitig. Nehmen Sie einige Minuten wertfrei wahr, wie sich dies anfühlt.

b) *Hauptübung:* Denken Sie einen Gedanken oder an eine benötigte Eigenschaft, beispielsweise „Die richtige Antwort bezüglich des Themas ..." (wählen Sie etwas aus Ihrem Lebensbereich). Wie fühlt sich dieser Gedanke an, wenn Sie ihn in/mit der folgenden Körperregion denken:

o in/mit der linken Gehirnhälfte? Zum Beispiel: „zuerst energielos, dann kraftvoll";

o in/mit der rechten Gehirnhälfte? Zum Beispiel: „romantisch";

o mit dem ganzen Gehirn? Imaginieren Sie, dass sich die Barriere zwischen den beiden Hirnhälften öffnet oder dass sie zur Seite geschoben wird. Zum Beispiel: „selbstbewusst, kraftvoll";

o im/mit dem Bauch? Zum Beispiel: „zuerst belastet, dann zurückhaltend";

o im/mit dem Dritten Auge? Zum Beispiel: „verständnisvoll";

o im/mit dem Raum über dem Kopf? Zum Beispiel: „inspiriert";

o im/mit dem Herzen? Zum Beispiel: „mitfühlend";

o in/mit allen Denkräumen („allhirnig", Bauch, Herz) gleichzeitig? Zum Beispiel: „wahrnehmend";

o als/mit dem Universum als Denkraum? Imaginieren Sie hierfür, dass Sie als das ganze Universum denken;

o als der *Eine*? Denken Sie als die Alleinheit, erleben Sie, wie es ist, als der *Eine* zu denken.

In diesem erweiterten Bewusstsein als der *Eine* denken Sie nun an die Frage und beantworten Sie diese. Auch bei dieser Methode sollten die Antworten sorgfältig wahrgenommen und gerade bei anfänglichem Üben sorgfältig geprüft werden, bis die Wahrnehmung geschärft ist.

ÜBUNG 95: Eine Frage „als Kosmos" denken

Nehmen Sie eine Frage in Ihr Bewusstsein und nehmen Sie die Lösung wahr, indem Sie das Tor des Himmels öffnen und als Kosmos denken.

Erweiterte Wahrnehmung für Berater, Partner, Sozialarbeiter

Gehen Sie in Ihren inneren Raum. Stellen Sie sich den Menschen vor, für den Sie wahrnehmen wollen:

o Woran leidet er?
o Was fordert er von Ihnen?
o Ist die Forderung berechtigt?
o Wie gehen Sie am besten mit ihm um?
o Welche Vision können Sie ihm geben?
o Wie positionieren Sie sich am besten zu ihm?
o Wie können Sie ihn erreichen? Sprachlich, argumentativ ...?
o Wie erlebt Sie der andere?
o Ist das Bild, das er sich von Ihnen und Ihren Fähigkeiten macht, stimmig?

Richten Sie nun Ihre Aufmerksamkeit bewusst auf einzelne Themenbereiche:

o Gesundheit: Woran leidet der andere und wie können Sie ihm helfen?
o Emotionen: Wie ist er emotional gestrickt?
o Was sind seine größten Ängste und was seine größten Hoffnungen?
o Wie ist seine Beziehung zu Ihnen/zu einem anderen Menschen?
o Was ist die Ursache von dem einen oder anderen Konflikt?
o Welche beruflichen Ambitionen zeigen sich als Erfolg versprechend?

Gehen Sie nun ins Detail:

o Welche Veränderungen kommen auf den anderen in Kürze zu?

o Wie wird sich die Beziehung zwischen Ihnen und ihm entwickeln?

o Bodycheck: Scannen Sie gedanklich den Körper durch und betrachten Sie jedes Organ und den gesamten gesundheitlichen Zustand.

o Welche Schlüsselerlebnisse/Weichenstellungen erlebte der andere in der Vergangenheit?

o Welche Schlüsselerlebnisse/Weichenstellungen wird der andere in Kürze erleben?

o Was muss er lernen?

o Welche Folgen von Ereignissen aus der Vergangenheit treffen ihn heute noch beziehungsweise werden ihn in Kürze treffen?

o Was soll aus ihm werden?

o In welchen Bereichen liegen seine Ressourcen?

o Welchen Rat haben Sie für ihn?

ÜBUNG 96: Wahrnehmen für andere

Gehen Sie in die Wahrnehmung für einen Klienten, Partner, Menschen in Ihrer Umgebung (bitte vorher die Einwilligung einholen).

ÜBUNG 97: Wahrnehmen für sich selbst

Wenden Sie die Übung „Hellsehen für Berater" für sich selbst an, indem Sie sich von außen wahrnehmen und aus der Perspektive erkennen, was zu tun ist.

Weitere praktische Anwendungsmöglichkeiten

Bewusst wahrzunehmen erfordert, sich immer wieder vom Alltagstrubel zurückzuziehen, auch private Themen und Probleme loszulassen (Releasing) und sich voll und ganz auf das Jetzt einzustimmen. Nur wenn dafür Energie frei ist, können Sie die zahlreichen Anwendungsgebiete der Wahrnehmung nutzen:

Beziehungen: Warum bin ich in dieser Beziehung? Was ist die Aufgabe, das Potenzial, wie sind die Chancen dieser Beziehung? – Sie erkennen, zu welchen Veränderungen Sie aufgerufen sind beziehungsweise unter welchen Umständen diese Partnerschaft vital und glückbringend ist – oder auch nicht.

Erfüllung finden: Was kann ich tun, damit sich eine ganz bestimmte Beziehung, ein ganz bestimmtes Thema erfüllt?

Ernährung: Welche Ernährungsform ist für mich wichtig? Was ist speziell für mich / meinen Körper zu beachten? – Auch hier lassen Sie sich nicht von Vorstellungen oder Gelesenem leiten, sondern nehmen bewusst wahr.

Geschäftsgespräch: Ist der Geschäftspartner ehrlich? Meint er es gut mit mir? Hat er geheime Absichten, die er mir nicht verrät?

Gruppenenergien wahrnehmen: Nehmen Sie einmal die Energie einer Sippe, Familie, eines Volksstammes oder einer Religion Ihrer Wahl wahr.

Haus(ver)kauf: Zu welchem Preis ist der Verkäufer/Käufer bereit, das Haus zu (ver-)kaufen? Stimmt dieser Preis für mich/alle Beteiligten?

Konferenz: Welches Energiefeld nehme ich wahr? Wie erlebe ich den Ausgang der Konferenz nach jetzigem Stand? Ist das Ergebnis stimmig oder bin ich aufgefordert, Einfluss zu nehmen? Welche Energie brauche ich, um die Konferenz optimal zu gestalten?

Partnerschaft: Wie geht es meinem Partner momentan? In welcher Verfassung wird er heute Abend nach Hause kommen und wie werde ich den Abend optimal (mit ihm) gestalten?

Restaurant: Wie ist das Gericht, das auf der Speisekarte steht? Ist es gut für mich?

Selbsterkenntnis: Was ist meine größte Schwäche? Wie kann ich ihr begegnen?

Sexualität: Was/wo ist der „sexuelle Punkt" des Partners/von mir? Wie kann ich seine/meine Sexualität erreichen? Ist meine eigene Sexualität mit der des Partners kompatibel? Wann und unter welchen Voraussetzungen?

Zukunft: Ich gehe in ein Ereignis, das vor mir liegt, und schaue, ob das Ergebnis stimmig ist. Falls nicht, erkenne ich im Nachhinein, was geschehen hätte müssen, damit es stimmig gelaufen wäre, und schaffe im Jetzt die Voraussetzungen dafür.

Hinterher ist man immer schlauer, also bietet erweiterte Wahrnehmung die Möglichkeit, im Rückblick zu erkennen: „Oh, das habe ich nicht berücksichtigt." Es ist wie Unkraut zupfen: Bevor das Unkraut (die Unstimmigkeit) groß und mächtig geworden ist (und die Blumen erdrückt), wird es ausgezupft. Es ist die Chance, den Weg, der vor Ihnen liegt, zu ebnen.

ÜBUNG 98: Die Zukunft vorerleben

Blicken Sie bezüglich einer für Sie wichtigen Situation (Beziehung, Finanzen, Beruf, Gesundheit, Lebensort) in die Zukunft und schauen Sie, wie die Situation sein wird, beispielsweise in einem oder in fünf Jahren. Sind Sie mit dem Ergebnis zufrieden? Falls nein, was wäre zu tun, damit das Ergebnis für Sie stimmt?

Tonglen – ein Weg, Dunkelheit in Licht zu verwandeln

Hellsehen als Weg bedeutet auch, im anderen das Helle zu sehen. Dies beinhaltet, dass Sie das Ungelöste, Dunkle und Negative wahrnehmen, aber Sie stören sich nicht daran, sondern wandeln es um, unabhängig davon, ob es von Ihnen oder von der Umwelt kommt. Es geht nicht darum, jemanden zu verurteilen im Falle von Misserfolg oder Belastungen – weder den anderen, noch sich selbst. Es geht darum, den Missstand durch die Kraft des Mitgefühls umzuwandeln. Die Tibeter haben eine sehr schöne Technik entwickelt, die sie „Tonglen" nennen: die Praxis des Gebens und des Nehmens. Diese Technik möchte ich in einer leicht abgewandelten Kurzform wie folgt darstellen:[19]

1. Erinnern Sie sich daran, wer Sie wirklich sind (das Selbst), wem Sie wirklich verpflichtet sind (dem Selbst) und an das Aufblitzen der Wahrheit hinter dem Schein (tibetisch „Alaya").

2. Atmen Sie das Negative, das Sie spüren, ein, zum Beispiel Wut, Blockiertheit, Misserfolg, Angst oder Bedrückung.

3. Atmen Sie das positive Gegenteil von dem, was Sie gerade stört, aus, zum Beispiel Frieden, Fließen, Erfolg, Mut oder Erlösung.

4. Erinnern Sie sich wieder daran, wer Sie sind, wem Sie wirklich verpflichtet sind und an das Aufblitzen der Wahrheit hinter dem Schein.

Wenn Sie es aufgeben, sich über Missstände zu beklagen und diese stattdessen umwandeln, gehen Sie segnend durch die Welt. Sie sehen das Helle hinter der Dunkelheit hervorblitzen. Dies ist etwas völlig anderes als der falsch verstandene Positivismus des unreifen Narren.

Die Maxime „alles ist gut, wie es ist" gilt für den unerleuchteten Narren ebenso wie für den Weisen, aber aus einer völlig anderen Perspektive. Der unreife Narr sagt: „Alles ist gut, wie es ist", weil er das Negative nicht sehen will. Der Weise sieht das Negative, aber er sieht hinter dem Positiven wie dem Negativen die dahinter wirkende *Eine* Kraft. Er versteht die Hintergründe der Dinge. Er sieht die „Wahrheit hinter dem Schein", den „wahren Menschen" hinter der Maske, das Licht auch im Antlitz des Unerleuchteten. Er ist Bestandteil der Lösung, nicht Bestandteil des Problems. Denn er schaut tief. Er sieht den Diamanten in der Tiefe blitzen und sieht früher oder später auch den Weg, diesen Diamanten hervorzuholen und zum Strahlen zu bringen.

Der erwachte Hellhörige hört hinter die oftmals schrillen Klänge dieser Welt. Er hört in der Anschuldigung die seelische Not, im Klammern die wahre Autonomie und im Liebesentzug die wahre Liebe des anderen. Er ist allein im Sinne von „All-Eins". Bewusstheit und erweiterte Wahrnehmung, wie sie dieses Buch verstanden haben will, sind also mehr als Zirkuskunststücke – sie sind Wege zum Erwachen.

Dies ist wie gesagt ein Weg, eine Reise zu sich selbst. Wenn wir einmal diese Reise begonnen haben, werden wir entdecken, dass sie der Grund ist, weshalb wir auf die Welt gekommen sind. Und wir werden nicht eher stoppen, als bis wir am Ziel dieser Reise angekommen sind. Für diese Reise wünsche ich Ihnen die notwendige Kraft, Inspiration und innere Führung!

Quellen- und Literaturhinweise

1. Günther Feyler: „Lebenskompass Traum", Bauer Verlag
2. Auszug aus: Ronald Rattmann: „PM Peter Moosleitners interessantes Magazin", *www.pm magazin.de*
3. Gebrüder Grimm: „Die Geschichte vom Hasen und dem Igel"
4. Phyllis Krystal: „Die inneren Fesseln sprengen", Econ Verlag
5. Zum Beispiel das Buch von Elisabeth Eberhard: „Die Macht in Deinen Händen. In zehn Minuten Stress und vieles mehr selbst ‚wegzaubern' mit Klopf-Akupunktur EFT", Eichendorf Verlag, weitere Informationen unter *www.efteuropa.com*
6. Zitat aus: Harry Palmer: „ReSurfacing", Kamphausen Verlag
7. Zum Beispiel Klaus Jürgen Becker, *www.human-designsystem.de, www.klausjuergenbecker.de*
8. Phyllis Krystal: „Die inneren Fesseln sprengen", Econ Verlag
9. ebd.
10. Ergänzend empfiehlt sich der Besuch eines Heilkreises, zum Beispiel des Bruno-Gröning-Freundeskreises *(www.bruno-groening.de)*
11. Literaturhinweis: Markus Langholf (Hrsg.): „Releasing – Frei sein durch Loslassen. Ein Einblick in die Arbeit von Ruth und Doc Lindwall", Falk Verlag, Seeon; weitere Informationen über Releasing in Deutschland erhalten Sie unter *www.releasing.de*
12. Zitat von: Sebastian Brandt, „PM Peter Moosleitners interessantes Magazin", *www.pm-magazin.de*
13. Auszug aus: Nicolai Schirawski: „PM Peter Moosleitners interessantes Magazin", *www.pm-magazin.de*
14. Auszug aus: Harald Grobner: „Was ist Zeit? PM Peter Moosleitners interessantes Magazin", *www.pm-magazin.de*